USE YOUR HEAD: HOW TO UNLEASH THE POWER OF YOUR MIND 01 Edition
by Tony Buzan

Copyright © 2010 by Tony Buzan

Acknowledgement: Consultant Editor: James Harrison

This translation of USE YOUR HEAD: HOW TO UNLEASH THE POWER OF YOUR MIND 01 Edition is published by arrangement with Educational Publishers LLP, a joint venture between Pearson Education Limited and the BBC Worldwide Limited through The English Agency (Japan) Ltd.

Use Your Head

日本語第4版

トニー・ブザン
頭がよくなる本

トニー・ブザン 著　佐藤哲＋田中美樹 訳

How to unleash the power of your mind

Tony Buzan

東京図書

あなたに…

そして愛する母と父,

ジーンとゴードン・ブザンに

この本を捧げます。

まえがき
女性男爵スーザン・
グリーンフィールド博士
vi

謝辞
viii

はじめに
xi

CONTENTS

第1部 脳について知ろう

1 すばらしい頭脳 003
2 頭のなかはどうなってるの 017
3 IQとあなたの生まれ持った聡明さ 033

第2部 「脳」力を活用しよう

4 情報を想起する能力と学習する能力を一変させる 053
5 記憶術をマスターして記憶力を倍増しよう 075
6 記憶にエネルギーを「加えて」「入れる」と,無限の創造性が得られる
$E+M=C^\infty$ 101

第3部

偉大なる脳に欠かせない「マインドツール」

- **7** キーワードがなぜ重要なのか 123
- **8** マインドマップと放射思考法について
  —序論 143
- **9** マインドマップの作り方 161
- **10** 速読で時間を大幅に節約
  —数か月分の時短も夢ではない 179
- **11** 驚異的な「超」速読のパワー 195
- **12** あなたの勉強法が変わる
  ブザン有機的学習法BOST 207

結論:
将来に向けて考える
245

まえがき

　物理学者のニールス・ボーアが，ある時，生徒を叱ってこう言ったそうだ。「君は考えていない。論理を述べているだけだ。」つまり，私たちが人間の潜在能力を評価する時の基準は，論理ではないと考えて差しつえないのではないか。たしかに私たちの脳は，「論理的な」コンピュータとはまったく別物だ。

　21世紀において，脳についてしっかり理解することはきわめて重要となった。平均寿命が延びて元気な高齢者が増えたが，脳を健康に保たなければ，いくら長生きして身体だけ元気でもしかたがない，ということが忘れられがちである。健康な脳がほしければ，記憶力を使って，効率よく考え，創造力豊かに生活するなどして，脳をつねに活発にしておく必要がある。こうして，最終的にはそれぞれの能力の限界を目指すのだ。生まれ育ちによっては能力を伸ばすことが叶わず，人が運命のままに生きるしかなかった時代はそれほど昔のことではない。

　今，私たちは「自分の人生をどうしたらいいだろうか？」「これは一体どういう意味だろう？」など，大きな疑問を抱くことのできる立場になった。脳に関する研究は今や，もっと優れた人間を育てる方法や，記憶力を高める技術といった疑問に答えるためだけのも

のではなくなってきた。もちろん，こうした研究開発は大いに歓迎するところだが，もっとわくわくするような疑問，例えば「人間を人間たらしめているものはなにか？」とか，「潜在能力を大きく伸ばすにはどうしたらいいか？」といった課題に挑むべく，成熟してきたのではないかと私は思う。

トニーは40年以上にわたって，私たちの脳，とくに21世紀型の脳と頭脳がいかにすばらしいものか，先頭に立って提唱してきた。心から敬意を表したい。トニーのMind Setシリーズ（The Mind Map Book, The Memory Book, The Speed Reading Book，そしてこのたびのUse Your Head）は，脳をよりよくする本として大きな刺激を与えてくれる。ぜひお勧めする。私たちの冒険は，まだ始まったばかりだ。

名誉大英勲章CBE
フレリアン生理学教授
オックスフォード大学リンカーン・カレッジ上席主任研究員
レジオンドヌール勲章
    女性男爵　スーザン・グリーンフィールド博士

謝辞

著者からの謝辞

　原書 Use Your Head は，世界規模のチームワークによって「脳の時代」と言われる 21 世紀に引き継ぐことができた。正式に発足し発展を続けるブザンセンター・インターナショナルのすべてのネットワークに心から感謝の意を表したい。ブザン・マスタートレーナー，ブザン・ワールド公認インストラクターの皆さん，とくに日本の神田昌典氏，近田美季子氏，伊藤賢氏ならびに小林司朗氏，ブザンセンター・オーストラリア／ニュージーランドのビル・ジャラード氏ならびにジェニファー・ゴダード氏，ヘンリー・トイ氏，エリック・チョン氏，サム・チェン・チョン氏をはじめとするブザン・アジアチーム，そしてブザン・ラテンアメリカ代表ホルヘ・O. カスタネーダ氏に深く感謝する。

　また，Mind Set シリーズを世に送り出すにあたり私を支えてくれた，友人であり支持者であるブライアン・リーにお礼を言いたい。すばらしいマインドマップを作り，根気強く裏方の作業をこなしてくれた，世界マインドマップチャンピオンでありブザン公認上級インストラクターであるフィル・チェンバース (www.learning-tech.co.uk)。弟のバリー・ブザンとアーチストであるロレイン・

謝辞

ギル。そして，優れた後方支援を提供してくれたアン・レイノルズ，スージー・ロケット，ジェニー・レッドマンをはじめとするブザン本部にいる「ホームチーム」の皆さん，ありがとう。

出版社であるピアソンでは，このプロジェクトを立ち上げた中心人物であるディレクターのリチャード・スタッグ氏にお礼を申し上げたい。また，企画段階から長期にわたり全身全霊で本書に取り組んでくれた，私の大切な委託編集長であるサマンサ・ジャクソン氏と，ハーロウにいる彼女のチーム，キャロライン・ジョーダンさんとエマ・デヴリンさんに深く感謝する。また，プロジェクトを通じて全体の構成から詳細まですべてを取りまとめてくれた専属コンサルタント編集者であるジェームス・ハリソンを讃えたい。ジェームスは，マインドマップのブザン公認インストラクターとiMindMapのマスタートレーナーの資格を取得するという功績も加えた。

最後に，本書の初版とこの最新改訂版の両方に体験談やテスト結果を快くお寄せくださったマインドマップ，記憶術および速読の専門家の方々，また紙面の都合上ここでお名前を掲載することのできなかった方々に感謝の意を表したい。

出版社からの謝辞

著作権資料を再製するにあたり，ご快諾くださった以下の方々に深く感謝する。

マインドマップ

本書に掲載したマインドマップの著作権は，以下の所有者に帰属する。

p.43, 79, 80, 82, 84, 111, 159, 170　Phil Chambers／p.94　Bob Harvey／p.137　Robert Walster／p.165　Hilde Jaspaert／p.173, 174, 177　Alan Burton／p.184　Suzi Rockett

写真

p.11, 14　Edward Hughes

イラスト（イメージ）

オリジナル白黒イラスト（すべて，本書のために Phil Chambers により修正）：A1 Creative Services, Lorraine Gill, Mike Gilkes, Pep Reiff, Robert Walster, Alan Burton, Ben Cracknell Studios。図2.2：MedicalRF.com/Science PhotoLibrary 提供。図5.3：© Salvador Dalí, Fundació Gala-Salvador Dalí, DACS, 2010 and Bettman/CORBIS。図6.1：Phil Chambers 提供。図6.2：©Getty Images/Stuart Gregory。図6.3：POD/Photodisc 提供，Steve Cole 写真。図6.5：POD/Photodisc 提供。図10.2：POD/Jupiter Images, Brand X, Alamy 提供。

本書に使用した素材を複製するにあたり，発行人は提供元から許可を取得するために全力を傾注したが，著作物によってはその所有者を特定することができなかったものもある。版権所有者特定につながる情報をお寄せいただければ幸甚である。

はじめに

　まずは想像してみてほしい。あなたはオリンピック選手である。筋肉の発達した身体，抜群の柔軟性，心血管系の状態も最高だ……。それなのに，泥沼に足を取られてしまった。その時頭のなかではなにを考えるだろうか。この状況を抜け出すために，オリンピック選手として培ったエネルギーを使おう。そう考えるに違いない。そしてその結果，ますます深みにはまっていくだろう。

　まさにそれこそが問題なのだ。かのシェイクスピアの言う通りだ。ここにジレンマの本質がある。知的でパワーも集中力もあるオリンピック選手であっても，直面した問題に対して適切な考え方ができないがために沈んでしまうのだ。せっかく最大限の力を出し切ったのに。いや，力を出し切ったからこそ沈んでしまうのだ。脳を使おうという場面になると，私たちの多くがこれとまったく同じことをしてしまう。脳が持つ果てしない力を利用し応用する方法がわかっていないのだ。

　本書『トニー・ブザン　頭がよくなる本』は，どのような問題に直面しようとも，脳が持つパワーを上手に使う方法を理解していただきたいとの思いで執筆した。私は脳の「取扱説明書」と呼んでいる。私たちの「スーパー・バイオコンピュータ」を養成して，人間が生まれつき備えている驚異的な知的技能を解き放つために書かれたものである。

　ここで，私がこの「脳のマニュアル」を考案するにいたった経緯をご紹介しよう。

大学時代，成績が徐々に落ち込み，自信も徐々に落ち込んでいた。ところが，やらねばならないことはどんどん山積みになっていた。必死の思いで図書館に行き，司書の人に（こっそりと）相談した。
「脳の使い方についての本を探しているのですが……」
司書のお姉さんは答えた。
「医学書関係はあちらです」
私は言った。
「いえ，脳の外科手術をするわけじゃないんです。使い方を学びたいんです」
司書さんは言った。
「あら，そんな本はありませんよ」
それで話は終わってしまった。

　なんということだ。パソコンにしろ，携帯電話にしろ，PDAにしろ，購入すれば必ずついてくるものがある。
「取扱説明書」だ（冊子のこともあれば，オンラインマニュアルのこともある）。
　ところが，脳というおそらくはこの世で最も大切な機器の取扱説明書が，1冊も存在していなかったのだ。さいわい今日，多くの人の要望に応えてそれは誕生した。ご紹介しよう。脳の取扱説明書，『頭がよくなる本』（原題 Use Your Head）である。
　英国BBCは1974年にUse Your Headの10回テレビシリーズを発表し，私のマインドマップ®の基本コンセプトをはじめて世界に向けて正式に紹介した。Use Your Headは当初セット販売されたシリーズのなかの1冊だったが，実は私の脳に関する著書（後

に The Memory Book, The Mind Map Book, The Speed Reading Book を含む）の「生みの親」とも言えるものある。テレビシリーズはそれから10年間にわたって定期的に放送されつづけたし，同じタイトルを冠した本のほうは世界的なベストセラーとなった。こうしてトニー・ブザンはブランドとなり，セミナーは世界中で大人気を博した。

1970年代の終わりには，最初のいくつかのサクセスストーリーの報告が届き始めた。とりわけエドワード・ヒュー君の実話は，衝撃でもあり感動的であった (7ページを参照されたい)。1980年代初頭には，現在もつづいている大人数の学生を相手にしたスーパーレクチャーシリーズがはじまった。なかでも特筆すべきは，南アフリカ共和国，ヨハネスブルグで開催された Soweto 2000 のイベントだろう。ソウェト郡区から10代の若者2000人が自主的に3日間のUse Your Head 大イベントに参加した。

1995年4月21日，Use Your Head は21回目の誕生日でいよいよ「成人式」を迎え，世界の総販売部数は100万部を突破した。これを記念して，1冊の本のための祝賀会としては前代未聞の規模で21回目の誕生会 The Festival of the Mind が，ロンドンのロイヤル・アルバート・ホールで開催された (図0.1参照)。

新たな世紀を迎え，ウォーターストーンズ書店ならびに英国エクスプレス紙グループは，原書 Use Your Head を第2000年紀（西暦1001〜2000年）で最も優れた書物1000冊のうちの1冊に選定し，次の，いわゆる「脳の千年紀」にはすべての図書館が備えるべきと推挙している。

出版35年周年が過ぎたのを機に，英国BBCは脳の使い方に関する初の百科事典The Mind Setを発表した。同シリーズにはUse Your Headの最新版に加え，その「子どもたち」とも言えるThe Memory Book, The Mind Map BookおよびThe Speed Reading Bookが含まれている。今，あなたはその話題の書の最新版を手にしておられる。この本から多くを得た何百万人もの読者たちと同じように，あなたも必ずや多くのことを得るだろうと願っている。本書には，あなたの「知識を管理する器官」である脳の使いかたと，最大限の学習力，記憶力，創造力を手に入れる方法が書かれている。

　私は創造力というものにとりわけ関心がある。今，教育制度が創造力を「押し殺す」ために考案されているようにしか思えないのだ。創造性の比較研究を見ればこのことがわかる。さまざまな年齢の被験者に問題を出題し，その成績，問題を解く速度，柔軟性，想

図0.1

Use Your Head 出版21周年を記念して1995年にロンドンのロイヤル・アルバート・ホールで開催された第1回 Festival of the Mind での祝賀会の模様。

像力，独創性を細かく評価していった。「潜在的な創造力」に対しては100点満点で採点された。すると，驚くべき結果が得られたのだ (図0.2 参照)。

- 最初の被験者は幼稚園児のグループだった。成績は95点を記録した。
- 小学生グループの成績は75点であった。
- 中高生グループの成績は50点であった。
- 大学生グループの成績は25点であった。

図 0.2

年齢とともに潜在的な創造力の割合が激減することを示すグラフ。学齢期になると創造力はますます落ち込んでいくのは教育制度のあり方によるものだろう。

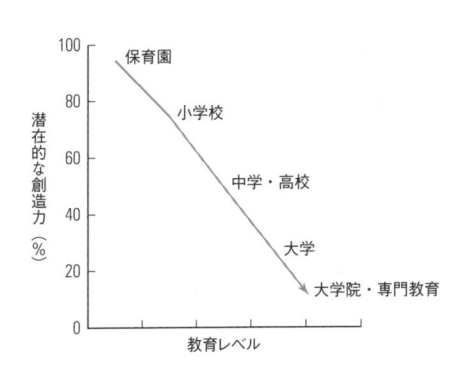

創造力はどんどんと落ちていき，下落は大人になってもつづいている。一見したところ，年齢を重ねるにしたがって創造力はさらに減少していくようだ。

これはいたって正常なことである。平均寿命が年々伸びているので，世界的にクリエイティブな人間の割合が減少していることになる。知的能力は世の富の源とも言えるのだから，なんとか対策を講

じる必要があると，ハーバード・ビジネス・レビュー誌は21世紀のはじめに「迫り来るクリエイティブ危機」という見出しを掲げてはっきりと警告を発した。

　だが悪い話ばかりではない。この現象は「正常」ではあるが「仕方がない」ものではないのだ。創造力が減るよう，知らず知らずのうちに開発された不適切な訓練の結果にすぎない。本来，創造力はどんな年齢であっても上昇すべきものである。この本を読めば，創造力を含めた脳のあらゆるパワーを一生涯にわたって高めていくことができる。

本書の使い方

　この本を読み終えた時には，脳の働きやしくみ，記憶力を高める方法，脳の最も創造的な働かせかた，効率的なマインドマップ法，もっと速くもっと能率よく読む方法，そして最適な学習や仕事の進めかたについて，以前よりずっと幅広い知識が得られるだろう。

　この本は，学習しやすいようにいくつかの部に分かれており，各部は理解しやすいようにさらにいくつかの章に分かれている。

　第1部では，脳のなかへと入り込み，わかりやすく案内しながら，脳の機能のさまざまな側面を知る上での興味深い手がかりを見ていく。知性と知能指数の概念，多重知性，脳が知性を収集する方法，そして人が頭脳の目を通してどのように世界を見ているかについて探る。さらに，自然な学びかたと従来のさまざまな学習法とがうまく噛み合ないことが多いのはなぜかを踏みこんで検証する。これは，なにか特定の科目を学ぶ前に，「学び方を学ぶ」とき根本的に重要な問題なのだ。

　第2部では，学習の核となるスキル，すなわち記憶と創造性について紹介する。脳はどのようにものごとを記憶し，学習し，理解するのかを探り，記憶力が学習中と学習後にどのように働くかを説明して，主な記憶術のテクニックと記憶力テストを紹介する。

　第3部では，究極の思考ツールであるマインドマップを含め，頭脳力を飛躍的に伸ばすために必要となる「マインドツール」への理解を深める。「脳のためのスイスアーミーナイフ」と呼ばれるマインドマップは，直線的にものごとをつなげるのではなく，イメー

ジや色で考え放射状に結ぶという脳が本来持っている性質を利用するものである。

　頭脳の内部の「マップ＝地図」を探ったあと，その考え方を応用して，私たちがものごとを記憶し，整理し，思い出し，創造的に思考し，問題を解決していくために，どのように言語や単語，イメージやマインドマップを操っていくかという問題に取り組んでいこうというわけだ。

　つぎに，マインドマップを作るための準備のしかたと実際の作り方について詳しく論じ，さらに速読法——読解力と同時に読む速さを劇的に高めるテクニック——を紹介していく。

　学習でも仕事でも，情報を管理することはとても重要である。ここでは新しいブザン有機的学習法（BOST®:Buzan Organic Study Technique）についても取り上げる。これはどんな科目の勉強にも役立ち，情報の学習を管理し，分析し，優先順位をつけ，発表する際にも応用できる。最後の章では，いわゆる「知の時代」と呼ばれる今，知識の管理人である私たちの脳のしくみとその使い方について，私たちの理解がいかに大きく速く前進したかを見ていく。

　この本では，実践に役立つ練習問題や提案を折にふれ紹介している。問題や経験学習を繰り返し行うことで，頭脳の領域が大きく広がり，脳も鍛えられる。

　人間としてさらに成長するために，この本をぜひ役立ててほしい。とりわけ読書法，ノートのとり方，学習法などについて，たくさんの知識を身につければ，それ以外の分野にも応用していくことができるだろう。この本から学んだ知識を活用できるようになれ

ば，自分についてより多くのことを知り，自分なりの思考法も開発できるだろう。この本を読み終えて考えをまとめたら，もう一度，最初からひろい読みしてみてほしい。人生の他の領域にも応用できる知識が見つかるかもしれない。

　人はそれぞれに異なったレベルの学習能力から出発し，自分に最も適した速度で進んでいくだろう。自分を他人と比較するのではなく，以前の自分と比べてどの程度進歩したかを目安にすることが重要なのだ。したがって，自分自身に合った練習や学習の計画を立てて，それをできるだけきちんと守ることに専心すべきだ。

　さあ，これから斬新な学習法と思考のテクニックを追求して，あなたの潜在的な知能を高め，「頭を働かせる」旅に出かけよう！

あなたの脳は身体的に**美しく**も**複雑**であり，
　膨大な知性と**精神力**を備えている。

　　トニー・ブザン

第1部

脳について知ろう

人間の脳は，かつて考えられていたよりもはるかに複雑な作業に対応できる無限の能力を秘めていることは，ほとんど疑う余地もない。第1部では私たちの脳に関する最新の研究成果を検証し，脳の働きと自己実現の可能性のあるいくつかの分野について紹介する。

1 すばらしい頭脳

　梨を食べる時，花の香りを嗅ぐ時，音楽を聴く時，川の流れを眺める時，愛する人に触れる時，なにかを思い出そうとしている時，あなたの脳のなかではなにが起こっているのだろう。

　その答えは単純でありながら，非常に複雑である。

　脳のなかには，感情，記憶，思考（単語，数字，記号，栄養物，香り，線，色，映像，脈動，音，手触りなど）さまざまな情報の断片が入っていく。それぞれの情報の断片を球体に見立てると，そこを中心として何十，何百，何千，何万ものフックが伸びている。それぞれのフックは1つの連想を表し，それぞれの連想からもまた無限のつながりを持っている。一度使ったことのある連想は記憶と見なし，データベースあるいは図書館にたとえることができる。今，この文章を読んでいるあなたの頭のなかには，世界最速のスーパーコンピュータ（現在は，ロスアラモス国立研究所のIBM Roadrunner*）の性能をはるかにしのぐデータ管理システムが入っているのだ。

　脳の思考構造は，枝分かれしている巨大な連想マシンと考えられる。無限のデータノードから放射状に思考が広がっていくバイオ・スーパーコンピュータである。これは人間の脳の物理的な構造である神経回路網と同じである。この頭のなかにあるこのデータ

---

*訳注：原書出版当時（2008年）。

ベースは，神経細胞の1つひとつが10^{28}通りの結合をするという事実に基づいて構築されているのだ。

科学者たちが人間の脳の持つ潜在能力を理解し始めたのは，ごくごく最近のことである。自分の脳について学ぶことで，頭脳の持つユニークな可能性も見えてくる。「しょせん人間なんだから！」と言うことがあるが，これはあきらめの気持ちを表すものではなく，実に衝撃的な発言であるということもわかってくる (46ページも参照されたい)。だが，この驚異的な能力を最大限発揮するためには，まずは自分たちの脳がどのように働くかを学ばねばならない。

脳の持つ真の潜在能力——ユニークな可能性を秘めた頭脳

私がこの本の最初の版で脳についての第1章を書いて以来，脳に関する研究は爆発的に進歩し，すばらしい新事実が発見されてきた。当時私は，脳の研究は「ここ150年の間に」進歩したと述べたが，今ではこの30年間に，脳についての知識の大部分が蓄積されたというべきだろう。人類が450万年の歴史を持つことを考えると，それはつい最近のことと思えるかもしれない。しかし，私たち人類が脳という器官のありかを知ったのは，わずか500年前のことだった。

これはさほど驚くべきことではない。どこに脳があるか知らないと想像してみると，このことがよくわかる。だれかに「感情，情動，思考，記憶，衝動，願望の中枢はどこにあるのか？」と聞かれたとしたら，私たちは，それは心臓や胃のあたりにある，と冷静に答えることだろう（アリストテレスもこう答えたのだ）。なぜなら，

1 すばらしい頭脳

このあたりには精神活動の影響が最も頻繁に，しかも直接的に現れるからだ。

今日，神経科学者たちはCTスキャンや電子顕微鏡などを用いて，人類史上最も捉えどころのないもの，すなわち人間の頭脳を探究しているが，それでも今日までに知りえたことは，知るべきことの1％にも満たないだろう。あるテストによって頭脳の働きのしくみが解明されたかにみえても，すぐに別のテストによってそれがくつがえされたり，別の人が現れて枠組み全体を1から見直さなければならなくなってしまう。

このことは，記憶の分野において十分すぎるほど実証されている。例えば，第1回世界記憶力選手権が開催された1991年当時，よく切ったトランプ1組を正確に暗記，再現するのに優秀な選手で5分程度の時間を要した。そこにドミニク・オブライエンが登場して，2分29秒という記録を打ち立てて選手権を制覇した時，これが人間の能力のほぼ限界だ，と専門家らは早々に宣言した。その15年後，よく切ったトランプ1組は30秒前後で記憶されるようになった。さらに2007年には，ベン・プリドモアがその知能の壁を3.72秒も上回る記録を出し，人間の知的能力の限界を大きく押し広げるという偉業を成しとげた。

さらにいくつか例をあげてみよう。科学のほとんどの分野は，それぞれ別々の方向を目指しているようにみえるが，今やどれもが一つの渦に巻きこまれつつある。その渦の中心は脳だ。現在，化学では私たちの頭のなかに存在し，相互に作用しあっている複雑な化学構造が研究されている。生物学では脳の生物学的な機能が明らかに

されようとしている。物理学では，人類に匹敵する知性体を発見しようと，可能なかぎり遠くまで宇宙空間に探査の手をのばそうとしている。心理学では，頭脳とはなにかをつきとめようとしているが，まるで指で水銀の小滴をつかむようにあまりにも捉えどころがないために，いらいらした気分を味わっている。そして数学では，複雑な動きをするコンピュータを作り，この宇宙のモデルまで組みたてながら，いまだに私たちの頭脳の内部で日々つづけられている営みを公式化するにはいたっていない。

　要するに，これまでの成果から，脳は以前に考えられていたよりもはるかに精妙で高い性能を持つものであることが明らかになりつつある。そして，これまで皮肉をこめて「ふつうの」頭脳の持ち主といわれていたような人たちにも，実はずっと大きな能力と可能性が秘められていることがわかってきた。

　ここで，頭脳の持つ無限の可能性を実証した，いまや伝説となった信じられないようなエピソードをご紹介しよう。

不可能な夢,エドワード・ヒューの逸話

『頭がよくなる本』は1974年にはじめて出版された。それからしばらくたった1982年に,「どの科目でもとくにめざましい成績はなく,学年のまんなかくらいのかなり平均的な生徒」が,15歳でAレベル試験を受けた。結果は予想どおり,そしてそれまでと同様,CやBばかりだった。彼はその結果にがっかりした。ケンブリッジ大学に行こうと心に決めていたのに,このままいけばまったく望みがないことを悟ったからだ。

その生徒の名前はエドワード・ヒューと言った。

それからしばらくして,エドワードの父親のジョージは,彼に『頭がよくなる本』を紹介した。自分自身について,そしてマインドマップの作り方や学習方法についての新たな知識を得て,エドワードは元気を取り戻し,やる気満々で学校に戻った。彼は,全科目でAをめざすのでぜひケンブリッジに推薦してほしい,と宣言した。

教師たちの反応は,当たり前のことながら困惑に満ちたものだった。「冗談はよせよ。ほら,君には無理さ。君の成績はいまだかつて,ケンブリッジの水準に近かったことすらないだろう」と1人は言った。「ふざけるな! ひょっとしたらBくらいはとれるかもしれないけど,たぶんCばかりだろう」と2番目の教師が言った。エドワードが,共通試験を受けるだけでなく奨学金の申請書も書きたいと言いだした時,担任はあっさり言い放った。「だめだ,学校のお金と君の時間のムダ使いだ。審査はとてもとても難しいし,われわ

れは君が合格すると思っていない。わが校の最も優秀な候補者ですら，なかなか合格できないのだから。」エドワードがあくまで言い張るので学校は彼を推薦したが，「学校のお金のムダ使い」にならないように，彼は自分で相応の審査料を払わなければならなかった。

かたや，3人目の教師はここ12年同じ科目を教えており，その分野では専門家であると断ったうえで，ヒューにはBかCしかとれないということを確信して言っているのだと述べた。その教師はエドワードよりはるかに成績のいい「別のやつ」の名前をあげて，エドワードはけっしてその生徒に及ばないと言った。その時のエドワードのことばは，「あなたの状況判断には賛成しかねます！」であった。4人目の教師はくすくすと笑い，エドワードの野望には心から敬服しており，エドワードの夢は可能ではあるがほとんどありえないことであり，一生懸命勉強したとしても彼にはBしかとれないだろうと述べた。彼はそれでも幸運を祈っていると伝えて，自分は以前から，わずかでもイニシアチブを示す人は好きだと言った。

「ぼくはAをとるぞ」

それぞれの教師，そして彼に目標を尋ねた人々全員に対するエドワードの最後の答えはいつも短いものだった。「ぼくはAをとるぞ。」

学校は当初，エドワードをケンブリッジに推薦することをしぶったが，しばらくしてから推薦に合意した。そしてケンブリッジのカレッジに，実は学校側としては，この特定の生徒が希望する籍を得られるとは考えていないと伝えた。すぐつぎの段階はカレッジの面接であった。面接でケンブリッジの学生監は，エドワードに学校側

の彼に対する見解を伝え，彼が合格する可能性は非常に低いという点でケンブリッジも学校と同じ意見であり，彼のイニシアチブに敬意を表しつつも，少なくともBが2つとAが1つか，おそらくAが2つとBが1つ，あるいはAが3つは必要であると知らせ，幸運を祈ると言った。

それでもくじけないエドワードは，『頭がよくなる本』の学習プランのトレーニングを実行した。彼のことばを拝借しよう。

試験がどんどん近づいてきました。ぼくは過去2年間の学校でのノートを整理して，マインドマップにまとめました。つぎにそれに色を塗り，陰影をつけて，各科目，そして時には各科目の重要な部分について巨大なマスター・マインドマップを作成しました。こうすることで，より細かな要素がどこにどのようにつながるかがわかり，全体像も把握できたので，大きな項目をただひろい読みするだけで完璧に思い出すことができるようになったのです。

これらのマインドマップを週に1回ずつ復習しつづけ，さらに試験が近くなるにしたがって，もっと定期的に見直しを行いました。マインドマップを思い出す練習を行い，本や他のノートを見ないで，記憶だけでその科目について持っている知識と理解をマインドマップに描き，つぎにそれをマスター・マインドマップと比較して違いをチェックしました。

また，重要な本をすべて読んでから，そのうちの何冊かに絞りこんで熟読し，そのマインドマップを作って最大限の理解と

記憶が得られるようにしました。加えて，優れた論文の形式やスタイルを勉強して，自分で作ったマインドマップをもとに論文と記述試験の練習をしました。

これと同時に体を鍛え，週に2回か3回，2〜3マイルずつ走って新鮮な空気をたくさん吸い，腕立て伏せや腹筋をいっぱいやって，体育館でも運動しました。肉体的に健康になり，それで大幅に集中力が上がったことに気づきました。いわゆる「健全な肉体に健全な精神が宿る」です。自分について，また勉強について，自信が持てるようになりました。

試験結果

そしてエドワードは，4つの試験に臨んだ。地理学，地理学の奨学金のための論文，中世史，そしてビジネス学の試験を受けた。結果は次のとおりであった。

科目	評価	順位
地理学	A	首席
地理学・奨学金	優等	首席
中世史	A	首席
ビジネス学	Aと優等2つ	過去最高の首席

結果発表から1日のうちに，エドワードの第1志望であったケンブリッジのカレッジは彼の入学を認めた。また，大学生活を始める前に世の中を少し見てまわりたいので1年間の休学をしたい，という彼の要請も許可した。

ケンブリッジで

スポーツではすぐに活躍し，カレッジのサッカー，テニス，スカッシュのチームでプレイした。

サークルに関しては，期待以上のことを達成したと評価されるべきだろう。彼は，ヨーロッパではその種のサークルで最大の「若手起業家サークル」を創設し，さらに会員3600人の慈善事業サークルである「ベリー・ナイス・ソサエティ」の会長をまかされた。彼の会長在任中に会員は4500人になり，大学史上最大のサークルに成長した。この2つのサークルでの彼の仕事ぶりをみて，他のサークルの会長たちが会長会を設立し，その会長になってほしいとエドワードに頼んだ。これを引き受けて，なんと彼は「会長クラブ」の会長になったのだ。

学業では，彼はまず「平均的学生」の習慣を観察して，こう報告

図1.1

ケンブリッジ在学中のエドワード・ヒュー。「若手起業家サークル」を創設した。

した。

　彼らは1つの論文のためにおよそ12時間から13時間かけて本を読む。できるかぎりたくさんの情報を直線的にノートにとり，それに関連した本をできるだけたくさん読んだあと，論文自体を書くのに3，4時間費やす（論文をもう一度書き直し，時には1つの論文にまるごと1週間費やす学生もいる）。

自分自身のAレベル試験の準備の経験から，エドワードは週に5日，1日2，3時間を勉強に割り当てることにした。

　その2，3時間のうちに重要な講義に出席し，関連した情報すべてをマインドマップにまとめました。論文の課題が出たら，まずその課題についてすでに知っていることや関連していると思うことについてのマインドマップを作ると決めていました。それからそのマインドマップを数日間放っておき，それについて考えて頭のなかで構想を練り，そのあとで適当な本を範囲を決めてすばやく読み，それに関連した情報のマインドマップを作成しました。つぎに休憩をとるか運動をして，戻ってきてから論文自体のマインドマップを作成しました。論文の計画ができあがったらまた休憩して，それから机に座って必ず45分以内に論文を書きあげました。このテクニックで，だいたいいつも高い評価をもらいました。

ケンブリッジの最終試験の前に，エドワードはかつてAレベルをとるために行った準備と本質的にまったく同じスケジュールで勉

強し，6科目の最終試験を受けた。

結果

1つ目の科目は「可」だった。ふつうであれば普通の成績だが，受験者の50％が「不可」で「優」はだれもいなかったので，実際には優秀な成績だった。2，3，4番目の科目は「良の上」。そして残りの2つは「優」。しかもただの優ではなく，その科目の大学全体での最高得点という，きわめつきの優だった。

卒業直後，エドワードは，大学が「ケンブリッジ大学卒業生では"今までで最高の"仕事」と評した，ある多国籍企業の戦略考案者のポストについた。エドワードはこう総括する。

> ケンブリッジはすばらしいところでした。ぼくはいろいろなことが得られて幸運でした。多くの友人，多くの経験，たくさんのスポーツ，そして学業に対する熱意と好成績。実に楽しい3年間でした。ぼくと他の人との違いはただ，ぼくが考える方法，頭を使う方法を知っていたというだけです。どうやって「Aをとる」かを知るまでは，ぼくはCやBばかりの生徒でした。ぼくにもできたんです。だれにでもできることなのです。

現在のエドワード・ヒュー

ケンブリッジを大学卒業後，エドワードはロンドンで2年間働いたあと，ビジネススクールに入学することにした。当時のMBAの最高峰はハーバードとスタンフォードだった。彼は両校とも合格

し，世界的にも名高いハーバード・ビジネス・スクールを選んだ。

　ハーバードでも，サークル活動とスポーツにいそしみ，学業では優秀な成績を修めた。また，成績上位5％の学生に与えられるベイカー奨学生という名誉ある賞を受賞した。

　ハーバード卒業後はビジネスでも成功し，いくつかの会社のCEOを務めた。オーストラリア出身のスカッシュ選手であった女性と結婚し，2人の美しい子どもに恵まれた。現在，世界で最も気候がよいとされるカリフォルニア州サンディエゴに暮らしている。ナノテクノロジーの会社のCEOを務めるかたわら，青年社長会の会員であり，慈善団体の役員でもある。今でもスポーツを楽しみ，ゴルフはハンデ0の腕前だ。

　エドワードは今でも，本書で学んだマインドマップをはじめとするさまざまな学習テクニックを使っている。自分の子どもたちが学校でマインドマップの使い方を教わっていることをとくに喜んでい

写真：エドワード・ヒュー近影。

て，自分がかつて出会った先生たちと違って，今の先生がたには子どもたちの無限の可能性についてもっと柔軟な考えをもってほしいと願っている。

2 頭のなかはどうなってるの

　人間の脳は水分78％，脂質10％，タンパク質約8％で構成されている。重量は1.5kgほどで，クルミに似ていなくもない。全体重のおよそ2％を占めるが，カロリーの20％を消費する。考えれば考えるほど，たくさんのカロリーを燃やすことができるのだ。

大脳皮質

　脳の重量の80％を占める大脳という柔らかい塊は，左右2つの大脳半球に分けられる。2つの大脳半球は，「脳梁（のうりょう）」と呼ばれる25兆以上の神経線維からできている「ケーブル」でつながっている。脳梁は左右の大脳皮質の間の情報のやり取りを円滑するわけだが，人間のあらゆる活動はまさに左右の大脳半球が緊密に連携していなければならない。脳の柔らかい部分は「大脳皮質」と呼ばれる薄い膜に覆われていて，これも神経細胞でできている。人間の髪の毛3本分くらいの薄さしかないこの膜が，人間のほとんどの大脳過程，すなわち思考，記憶，会話，筋肉の動きなどの機能を司る。

　この世に生まれた瞬間から，脳の両半球はそれぞれに割り当てられた機能を専門に果たしはじめる。「脳の側性化」と呼ばれるプロセスだ。

2つの脳

　神経科学の研究から，この作業分担には個人差があるものの，ほ

とんどの人間に共通した特性もいくつか存在することがわかった。

1960年代の終わりから1970年代のはじめにかけて、人間の脳についての私たちの知識に大きな変革をもたらした研究が行われていたのがことの始まりだ。やがてノーベル賞を受賞することになるカリフォルニア工科大学のロジャー・シュペリィと、脳波と脳の機能分化の研究で名高いロバート・オーンスタインらの研究である。この研究は、1980年代にエラン・ザイダル教授らによって引きつがれた。

人間の左右の大脳半球は、神秘的といえるほど複雑な神経線維の束（脳梁と呼ばれる）で結合されている。シュペリィとオーンスタインは、この2つの大脳皮質が異なった分野の精神活動をおもに担っていることを発見した。

ほとんどの人の場合、「左脳」は論理、言語、リスト、数、直線性、分析などといった、いわゆる「学術的な」活動を行っている。左脳がこうした活動に励んでいる間、右脳はいわば休息の状態にある。「右脳」はリズム、想像、色彩、白昼夢、空間認識、ゲシュタルト（完全なものとして知覚する傾向）や次元の認識などを行う。

これにつづくいくつかの研究によって、精神活動のなかでも苦手な領域を意図的に発達させると、相乗効果が生じて、他の領域の活動もすべて発達していくことがわかった。けっして、他の領域をだめにするようなことはないのだ。

歴史をふり返ってみると、事実はむしろ逆のように思える。なぜなら、いわゆる「偉大なる頭脳」の持ち主は、片よった精神活動を行っていたようにみえるからだ。たとえば、アインシュタインなど

の偉大な科学者はおもに左脳が活動していたようだし，ピカソやセザンヌ，ベートーベンなどの偉大な画家や音楽家はおもに右脳の活動に頼っていたようにみえる。しかし，詳しく調べてみると，おもしろい事実がわかる。アインシュタインは学校でフランス語の単位を落としているが，一方，バイオリン演奏，美術，ヨット，空想ゲームなどを好んでいたのだ。

アインシュタインは，その空想ゲームのなかから重要な科学的洞察を数多く得ている。彼はある夏の日に丘の上でぼんやりしていて，太陽の光に乗って宇宙の果てまで進んでいくところを想像していた。ところが彼は，「不合理」にも太陽の表面に戻ってしまったのだ。こうして彼は宇宙が「曲がっている」ことを直感し，それまでの「合理的な」知識は不完全なのではないかと疑いはじめた。彼はこの新しいイメージをもとに数式を立て，計算し，説明を加えて，相対性理論を完成した。左脳と右脳の統合を行ったわけだ。

偉大な芸術家たちも，同じように「両脳使い」だったことが明らかになっている。よっぱらってたわごとを書きなぐったり，でたらめに絵の具を塗りたくって芸術作品を仕上げたわけではないのだ。つぎのような記述がよく見受けられる。

> 朝6時に目覚めた。最新シリーズの作品番号6番に今日，17日目を費やす。オレンジと黄を4対2に混ぜあわせ，カンバスの左上に用いた。右下のらせん構造に対して視覚的に対抗するためのものだ。見る人の目にとってちょうどよいバランスだ。

これは，ふつう右脳の活動とみなされているものにも左脳の活動

が大きく入りこんでいることを示す例である。

シュペリィとオーンスタインの研究,脳全体の活動の高まりの実証,そして「偉大なる頭脳」の持ち主たちが両方の脳を活用していたという歴史的事実に加え,脳の両側が同時に発達したときのすばらしい可能性を示す例がもう1つある。過去千年間で最も傑出した人物,レオナルド・ダ・ヴィンチだ。

もう1つの「ダ・ヴィンチコード」

レオナルド・ダ・ヴィンチは以下の分野のすべてにおいて,当時最も優れた業績を上げた。絵画,彫刻,生理学,一般科学,建築,機械,解剖学,物理学,発明,気象学,地質学,工学,航空学などだ。また,ヨーロッパの宮廷でどんな弦楽器を渡されても,その場で流麗なバラードを演奏し,作曲し,歌ってみせた。

彼はその潜在能力のさまざまな側面を個別に発揮するのではなく,すべてを統合してしまった。彼の科学についてのノートは3次元の絵やイメージで満ちている。さらにおもしろいことに,彼の優れた絵画の下絵には,他のノートにあるものと同じような直線,角度,曲線,そして数学的で論理的,かつ精密な測定値を示す数字が描かれていることが多かった。まるで建築設計図のようだ。

私たちはよく,自分は特定の分野には才能があるが他の分野には才能がないと考える。しかし,これはむしろ特定の分野でうまく才能を発達させたが,その他の分野の才能はまだ眠っていると考えるべきだろう。他の分野の才能も正しく育ててやれば花開くことができるはずなのだ。

図 2.1　左右の大脳皮質が異なる過程を担うことを示したマインドマップ。

図2.1はさまざまな大脳過程と，それらを実行する時に脳のどちら側がより強くかかわるかを示したものである。

　右脳と左脳についての発見は，記憶法，ノートのとり方，コミュニケーションの方法，そして高度なマインドマップについての私たちの理解をさらに進めるものだ。これらには，両方の脳の働きが本質的に重要なのだ。

脳のなかのスーパーハイウェイ

　脳のなかには少なくとも1兆にのぼる「ニューロン」，すなわち神経細胞が存在している。1兆といえば，天の川の星の数と同じくらいだ！　しかも，個々のニューロンはそれぞれが，1から10万もの別のニューロンときわめて多様な方法で相互に作用しあっている。これは驚異的な数字である。

　ニューロンは，電気信号の伝達に特化した神経細胞である。ニューロンは個々には機能せず，回路によってつながって，身体の各部へ感覚信号や運動信号を伝える役割を果たしている。

　ニューロンは主に，細胞体，軸索（じくさく），そしてたくさんの樹状突起という3つの部分に分けられる。「樹状突起」は情報を受け取って他のニューロンとの回路をつなぐ働きをして，電気的インパルスの伝達を可能にする。「軸索」は細胞体から線状に延びている神経細胞の延長部である。髄鞘（ずいしょう）（ミエリン）と呼ばれるコーティングに覆われていて，他のニューロンに信号を送る役割を担っている。ほとんどのニューロンは，多くの樹状突起と1つの軸索を持っている。

　ニューロンは，高度に特化した構造をいかして信号の送受信を行

う。個々のニューロンは何千という他のニューロンから情報を受け取り，他の数千のニューロンにその情報を転送する。情報は，「神経伝達」のおかげでニューロンからニューロンへと伝達される。この間接的なプロセスは，神経終末ととなりの細胞の樹状突起の間の空間で起きる。このすき間は「シナプス間隙」または「シナプス」と呼ばれる。また，2つのニューロン間の結合を「シナプス結合」と呼ぶ。

シナプス結合と精神的事象

いったいこれが，学習や思考や記憶とどんな関係があるのだろう。特定の情報とつながっているシナプス結合の数によって記憶の質が決まるということは，かねてから立証されている。つまり，なにかを記憶に取り入れる時に同時に働く結合が多いほど，あとからそれを取り出せる確率が高くなるということだ。

なにか考えが浮かんだとしよう。そのたびに，その考えを運んで

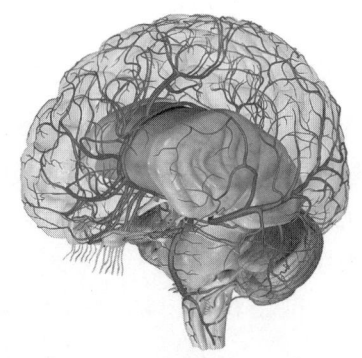

図 2.2

人間の脳。
Source: MedicalRF.com/SciencePhotoLibrary

いる経路沿いにある生化学的，電磁気的抵抗が小さくなる。林のなかに道を切り開こうとするようなものだ。最初は下生えを抜けていかなければならないのでやっかいだ。二度目は最初に道を作ったので少し楽になる。何度も通るたびに抵抗が少なくなっていき，反復を繰り返すうちに伐採などしなくてもすむ，なだらかな路ができる。脳のなかでも同じことが起きる。思考のパターン，思考の地図を何度も繰り返したどるうちに，どんどん抵抗が小さくなる。さらに，こちらのほうが重要なのだが，反復することで反復の確率が高まる。「精神的事象」が発生する回数が増えるほど，再発する確率が高くなるということだ。

脳のなかの「小さな灰色の細胞」どうしの接合

この本の最初の版を書いていた1973年の時点で，脳細胞の配列の数は，おそらく1のあとに0を800個ほど並べたものになるだろうと考えられていた。この数字がいかに巨大なものであるか，宇宙における原子の数と比べてみればはっきりするだろう。宇宙を構成している最も小さい単位は原子だ（図2.3参照）。

私たちの知るかぎりでいちばん大きいものは宇宙そのものだ（図2.4参照）。

この宇宙に存在する原子の数がいかに巨大なものかは容易に想像できよう。10のあとにゼロを100個ほど並べた数になる（図2.5参照）。この数字ですら，1つの脳のなかのニューロンの接合の数に比べれば，ちっぽけなものに思えてくる（図2.6参照）。

この本の最初の版が出版された直後に，モスクワ大学のピョート

ル・アノーキン博士が興味深い事実を発表している。アノーキン博士は亡くなる前の数年間，脳の情報処理能力を研究していた。彼によれば，1のあとにゼロを800個という数字はあまりにも少なすぎるという。彼が計算した新たな数字は，現在の測定機器が精密きわまりない脳を相手にするにはあまりにもおそまつなため，かなりひかえめなものになっているという。その数字は1のあとにゼロを800個などではなかった。博士自身の計算によれば，

> 脳のパターン作成能力または「自由度」はあまりに大きいため，もし数字で表すとしたら，ふつうの大きさの文字を1050万km並べたほどの長さになるだろう。このような膨大な数の可能性を持った脳は，無数のメロディー，そう，行動や知性の動きを表すメロディーを奏でることのできるキーボードにもたとえることができるだろう。脳全体を完全に使いこなせそうになった人間など，いまだかつて存在したこともない。私たちは脳の

図2.3

原子——知られているうちで最も小さい実在物の1つ。人間の指先でさえ，無数の原子がある。宇宙全体の原子の数は，10のあとにゼロが100個つづく。

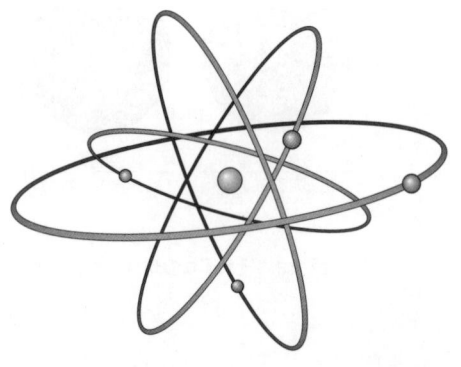

力の限界を知ることはできない。まさに無限である。

この本は，この事実上無限の精神のキーボードを，あなたが演奏するお手伝いをするために書かれたものだ。

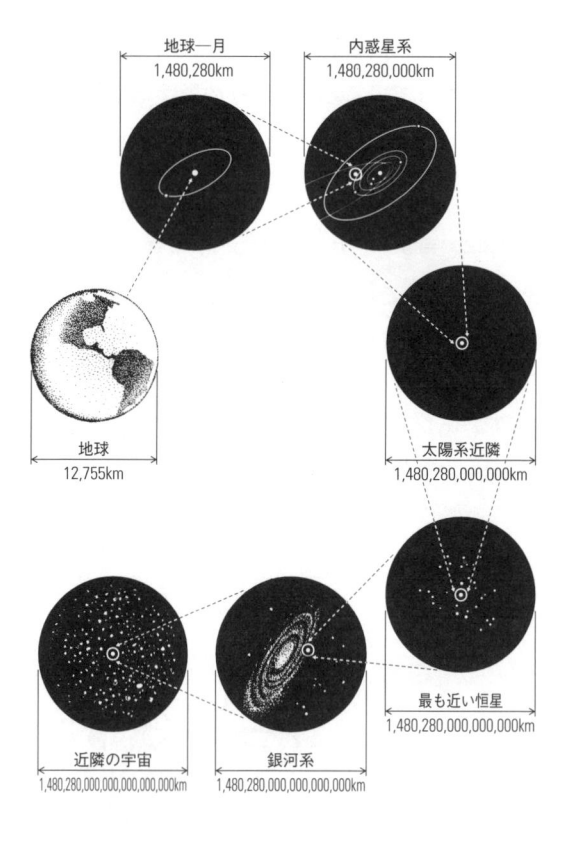

図 2.4

既知の宇宙の巨大さ。それぞれの球は1つ前の球の10億（1,000,000,000）倍の大きさ。

```
10,000,000,000,000,000,000,000,000,000,000,000,000,000,
000,000,000,000,000,000,000,000,000,000,000,000,000,000,
000,000,000,000,0
```

図 2.5

既知の宇宙(われわれが知っている最も大きなもの)における原子(われわれが知っている最も小さな粒子の1つ)の数。

```
1,000,000,000,000,000,000,000,000,000,000,000,000,000,000,
000,000,000,000,000,000,000,000,000,000,000,000,000,000,000,
000,000,000,000,000,000,000,000,000,000,000,000,000,000,000,
000,000,000,000,000,000,000,000,000,000,000,000,000,000,000,
000,000,000,000,000,000,000,000,000,000,000,000,000,000,000,
000,000,000,000,000,000,000,000,000,000,000,000,000,000,000,
000,000,000,000,000,000,000,000,000,000,000,000,000,000,000,
000,000,000,000,000,000,000,000,000,000,000,000,000,000,000,
000,000,000,000,000,000,000,000,000,000,000,000,000,000,000,
000,000,000,000,000,000,000,000,000,000,000,000,000,000,000,
000,000,000,000,000,000,000,000,000,000,000,000,000,000,000,
000,000,000,000,000,000,000,000,000,000,000,000,000,000,000,
000,000,000,000,000,000,000,000,000,000,000,000,000,000,000,
000,000,000,000,000,000,000,000,000,000,000,000,000,000,000,
000,000,000,000,000,000,000,000,000,000,000,000,000,000,000,
000,000,000,000,000,000,000,000,000,000,000,000,000,000,000,
000,000,000,000,000,000,000,000,000,000,000,000,000,000,000,
000,000,000,000,000,000,000,000,000,000,000,00
```

図 2.6

1960年代後半には,人間の脳の 1,000,000,000,000 個の神経細胞間の結合パターンの数は,1のあとにゼロが 800 個つづくと概算された。ところが,最近の概算ではこの数ですら小さすぎることがわかった。

認知のモデル——目, 脳, カメラ

　まず,目／頭脳／精神のシステムについて考えてみよう。60年前には,カメラが私たちの認知と精神的なイメージ形成のモデルとされていた。カメラのレンズは目のレンズに,フィルムは脳にたとえられていたのだ。このような考え方はその後もしばらくつづいたが,実際にはきわめて不適当なものだ。つぎのようなことをやってみれば,このモデルがいかに不適当か確かめることができる。

　いつもどおりぼんやりとまどろんでいる時のように,目を閉じてまぶたの裏になにか好きなものの姿を思い描いてみよう。はっきりとまぶたの裏にイメージを焼きつけたところで,つぎのようなことをやってみよう。

- 回転させる
- 上方から見る
- 下方から見る
- 色を変える(少なくとも3回)
- 遠くに見えるように遠ざける
- もう一度近づける
- 拡大する
- 縮小する
- 形を全面的に変える
- 消す
- ふたたび出現させる

どれもさほど苦労せずにやりとげることができる。しかし，カメラのような装置や器具ではこのようなことはとうてい不可能だ（図2.7参照）。

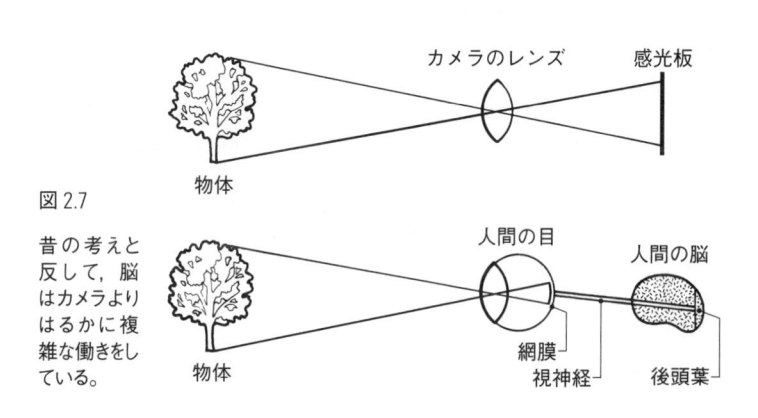

図 2.7

昔の考えと反して，脳はカメラよりはるかに複雑な働きをしている。

頭脳のモデルとしてのホログラム

科学技術のめざましい進歩によって，幸いカメラよりもずっと優れたモデルを考えることができるようになった。ホログラムだ。

ホログラムを創りだすには，レーザー光線を半分に分けて，このうち一方は直接感光板にあて，もう一方を物体に反射させてから他方の光線と重ね合わせる。特殊なホログラム用の感光板上に，この2本の光線がぶつかったときに生じる無数の光の断片が記録される。この感光板に特定の角度でレーザー光線をあてると物体の像が再現される。驚くべきことに，こうしてできる像は平面的な像ではない。完全な立体像が空中に浮かんで見えるのだ。像を上から見ても下から見ても横から見ても，もとの物体とまったく同じように見

える (図2.8参照)。

　さらに驚くべきことに，この感光板の角度を変えてやれば，90度回転させる間に90種類にのぼる像をたがいにまったく干渉させることなく記録できる。

　この新たな技術にはこの他にもっと驚くべき性質がある。感光板をハンマーで粉々にたたき割っても，そのかけらに特別の角度でレーザー光線をあてると，それぞれのかけらが完全な立体像を作り出すのだ。

　このように，私たちの脳の働きのモデルとしては，ホログラムのほうがカメラよりもはるかに理にかなっている。このモデルは，私たちが頭のなかに持ち歩いている器官がいかに複雑なものかを考えるのに役に立つ。

　しかし，これほど優れた技術でさえも，脳の持つユニークな可能性には遠く及ばない。ホログラムは私たちの想像力の3次元的な

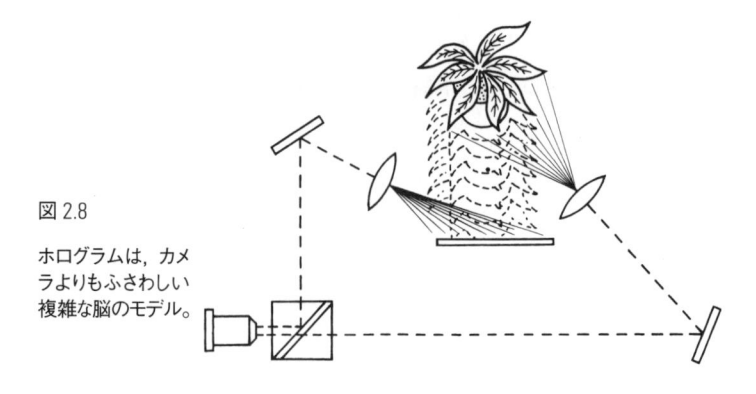

図2.8

ホログラムは，カメラよりもふさわしい複雑な脳のモデル。

性質にかなり近いものだが，記録することのできる像の数は，私たちの脳に比べればほんの取るに足らない程度だ。脳は無数の像を，たちどころに思い浮かべることができるのだ。しかもホログラムは静的だ。先に述べたような，像を特定の方向に動かすようなことはできない。このようなことを行うには想像を絶するほどの複雑なしくみが必要なのだが，脳はいとも簡単にやりとげてしまう。これらすべてをホログラムで実行することが可能になったとしても，まだ脳にできてホログラムにできないことがある。自分自身の姿を見るということだ。目を閉じて自在に動き回る自分の姿を見てみよう。

3 IQとあなたの生まれ持った聡明さ

　言語と数字による論理推理に基づく従来のIQ（intelligence quotient：知能指数）テストは，100年ほど前から行われてきた。19世紀末にアルフレッド・ビネーというフランスの理論家により考案された知能の尺度で，もともとは障がいを持つ子どもたちを識別するために開発された。従来のIQテストの支持者たちは，それが「絶対的な知能」を測定できるものであると信じている。しかし，ほんの少し適切な練習をしただけで，IQテストの得点を大幅に変えることができる。この事実はさておいても，IQテストを「絶対的な」知能指数の測定手段と見なすことに懐疑的な意見もある。

　まず，バークレーにおける創造性に関する研究によれば，IQの高い者が必ずしも独自の思想を持ち，独自の判断で行動するわけではない。また，必ずしもユーモアに富んでいるわけでもなければ，ユーモアの価値がわかっているわけでもない。とくに美的鑑賞力が優れているとか，理性的であるとか，相対的なものの見方ができるとかいうわけでもない。複雑さや珍しさを楽しむことにとくに秀でるということもないし，独創的ともかぎらない。包括的な知識があるともかぎらないし，とくに弁舌がさわやかだとか，思考が柔軟だとか，機敏だということもない。

　つぎに，IQテストは人間のさまざまな能力を正確に測定できると主張する人々は，IQテストがテストの対象である脳，テスト自

体,そしてテストの結果という3つの主な領域に留意して作られるべきであることを考慮していない。困ったことに,IQテストの提唱者はテストの中身とその結果にのみ心を奪われて,テストの対象であるべき脳の本来の性質を無視してしまっている。

　IQテストは人間の基本的能力の全域を測るものではない,ということが理解されていない。従来のIQテストは,言語能力と数学的技能をテストすることで知能を「測定する」ための最も正確な指標が得られるという仮定に基づいている。ところが実際には,人間の未発達でよく訓練されていない行動を測定しているにすぎないのだ。かつて中国では,女性の足は小さくあるべきだと考えられていた。そのころの女性の足の大きさを測った人がいるとしよう。IQテストの提唱者の主張は,この足の測定と実によく似ている。昔の中国の女性は,生まれた直後から足にしっかりと包帯を巻きつけられた。体の成長が止まるまでこのようにして育てられた結果,「上品な」足ができあがったのだ。

　しかし足の大きさを測った人は,おそらく自分は十分に発達した自然な肉体の寸法を測ったと思っていただろう。実に愚かなことだが,標準的な知能テストで人間の自然な知能が測れると思いこんでいるのも,これとまったく同じことなのだ。かつての中国の女性の足と同じく,私たちの頭脳も正当に評価されることも訓練されることもなくずっと束縛を受けつづけており,その結果,自然な発達を妨げられている。

　IQテストを多少なりとも擁護するならば,おもしろいことにこれは,一般的に考えられているように「集団を制御する」ための方

法として開発されたものではないということだ。フランスの心理学者ビネーは，高等教育を受けることのできる子どもたちは，ほとんど全員といってよいほど上流階級の子どもたちであることをみてとった。これは不公平だということで，発達した知性を持つ子どもであればだれでも高等教育が受けられるようにと，最初のIQテストを考案した。テストができたおかげで，それまで機会すら与えられなかった子どもたちにも大きく門戸が開かれた。

IQテストをゲームか，ある特定の領域について現時点での精神の発達段階を知るための「指標」であると考えるのが妥当であろう。そうした領域での現在の発達状態を測定し，かつそうした技能を改善し発達させていって，適正にIQテストの得点を上げていくための基準として利用できるだろう。

頭脳は多層構造──人間のさまざまな知性

確かに言語や数字，空間の認識のテストは全体的な知的能力を測る重要な因子ではあるが，たとえば創造力や人付き合いのうまさ，雑学など，他の知的行動については測定できない。ひとつだけ，きわめて印象深い例をあげよう。

賢いってどういうこと?
――トニーとバリーの物語

　私が7歳の少年だった時の話だ。ケント州ホイットスタブルにある海辺の漁村にある小学校に入学した年だ。

　バリーという名の親友がいた。そのころ,いちばんの関心事といえば自然にかかわること,ありとあらゆる生き物を観察し,収集し,飼育し,保護することであった。自宅はさながら小さな動物園のようだった。

　放課後になると,バリーと私は大急ぎで近所の原っぱや堤防や森に出かけ,情熱を注ぐのであった。

　バリーは自然に対してすばらしい感性を持っていた。さまざまな蝶や鳥を,地平線に向かって飛ぶパターンを観察するだけで見分けることができた。私がもたもたと「……ええと……モンシロチョウ……スズメ……」などと言っているそばで(そのころにはみんないなくなっていたものだ),彼はさまざまな種の名前をスラスラと言い当てていった。

　学校では,新学期に先生からクラス分けの仕組みについて説明があった。1年生はA組からD組まであって,クラスごとに差はないという。みんなすぐにピンときた。A組は「賢い少年たち」のクラスで,D組は「やることが遅い」「鈍い」「物わかりが悪い」「知識が足りない」「能力がない」子たちのクラスだ。

　私は1年A組に入れられた。親友のバリーはD組だった。でも,それについて話したり,深く考えたりすることはなかった。た

だそういうものだと思っていたのだ。

　1年A組のなかで，私たちはさらに細かく分けられた。最新のテスト結果が出るたびに全員で立ち上がって，成績順に席替えをするのだった。テストで最高点を取った者は，教室の1番うしろの右端の席に座る。そのとなりには2番目に高い点数を取った者，というように蛇腹のようにくねくね曲がりながら並んでいき，最前列右端の席にはそのテストで最も低い点数を取った少年が座る，というルールである。

　幼いトニー・ブザン少年はどこにいたのか。

　1番の席にも2番の席にも座ったことはなかった。そこはいつだってマモリーとエップス，またはエップスとマモリーのための「予約席」になっていたのだ。私はいつも，そうした頂点の少年たちより下のどこかにいた。

　そんなある日，1年A組では，先生がかなりくだらない問題を出した。「英国の川にいる魚の名前を2つ答えなさい」（100種以上いる）とか，「昆虫とクモの違いはなんだ？」（15以上の相違点がある）とか，「蝶と蛾の違いを言いなさい」（これも15以上の相違点がある）などだ。

　数日後，担任のヘイク先生が誇らしげに発表した。「テストで100点満点を取った者がいるぞ！」私もふくめたみんながマモリーとエップスのほうを見た。また2人のどちらかだ。

　ところが，先生は「ブザン！」と呼んだのだ。みんなも驚いたが，私自身はあぜんとしてしまった。なにかの間違いだ，とわかっていたからだ。いままでのテストでは必ず，答えが書けないまま空

欄が残ってしまったり，あきらかに違う答えを書いてしまったりした箇所があったからだ。満点のはずがない。

それでも，いつもと同じようにみんなで新しい席に移動した。そして生まれてはじめて，1年A組の最後列右端の席に座っている自分がいた。もちろん，真相が明らかになるまでのほんの一瞬ではあるが，はじめてマモリーとエップスの横顔を右から見るのはなかなか気分がよかった。

ヘイク先生が答案用紙を返却しはじめた。驚いたことに，私の前に置かれた紙には，私が書いた文章の上のページの最上部に，「100点」「最高点」「よくがんばった！」「君の班にも得点」，そして私の名前が書かれていた。

答案用紙にすばやく目を通すと，それはこのあいだの授業でヘイク先生が出した自然に関するどうということのない問題に対して，なんの気なしに書いた答案であることに気づいた。まっさきに考えたことはこうだ。「あんなのがテストだったはずはない。魚なら50種類，昆虫とクモの違いなら15個，蝶と蛾の相違点も15個は答えられたのに！」私は一瞬，ものすごく混乱した。

やがて徐々に，あれはテストだったのだ，と気づきはじめた。それから，マモリーとエップスがテストで良い点数が取れるのは，私が自然に対して持っている関係と同じ関係を，彼らは他の科目に対して持っているのだということも。

じゃあ，本当に1位なんだ。いい気分だ。

だが，その達成感と幸福感は長くは保たなかった。そこであることに気づいたのだ。私のなかでパラダイム・シフトが起こり，私の

人生を変えてしまうことだった。なんだかわかるだろうか。

優秀度を基準にして100人を超える生徒たちを並べた「じゃばら」の最下位，1年D組の最前列に，私の親友のバリーがいた。でも，自然についてよく知っているのはどっちだ。トニーか。バリーか。

明らかにバリーのほうだ。

優秀度という点で言えば，私よりも1kmほど右の，1年A組の最高得点者の席に座るべき人物はバリーだ。彼は，自然の美しさと複雑さについて，私よりもはるかによく知っているのだ。

この気づきは大きなショックであった。私は突然，自分が受けている教育（英国の教育システム）は「知的能力」を正確に判定していないという，動かぬ証拠をつかんでしまったのだ。これは，最高を最低と判定したケースだ。私の「ナンバーワン」の地位が，私よりも優秀な「物わかりの悪い」友人の犠牲の上に成り立っているという事実は，なおのことつらかった。

その瞬間から，トニー・ブザン少年は知的非行に走り，事あるごとに突っかかっていた。「だれがだれを賢いって言ってるんだ？」「だれがだれを賢くないって言ってるんだ？」「だれが賢くて，だれが賢くないかなんて，そんなことを言う権利がだれにあるのさ？」「賢いって何だよ。知的能力ってなんのことだよ？」

私のその後の人生は，こうした疑問に対する答えを探すために費やしている。

1970年代以降，他にも違う種類の知的能力があるという認識が広まり，知性に関する概念にも変化が見られるようになった。

著名なアメリカ人心理学者ハワード・ガードナーと時を同じくして，私はさまざまな知的能力の存在と，正しく開発すればそうした能力が調和して働くさまに気づいた。私は，標準的なIQに代わる知性のモデルに関する研究と伝導を最初にはじめた研究者の1人だった。

多重知性には，創造的知性，人格的知性，社会的知性，精神的知性，肉体的知性，感覚的知性に加えて，数学的知性，空間的知性，言語的知性という「伝統的な」知性が含まれる。多重知性の全容については，43ページの図3.1を参照してほしい。

それぞれの知性については，その重要性を異なる人々が提唱していることが多い。例えば社会的知性は，一般的な人間の成功と最も密接に関係があるから，最も重要だとハワード・ガードナーは主張した。ところがハンス・アイゼンクは，標準的なIQが最も重要と考えた。レオナルド・ダ・ヴィンチは，「知性」と呼ぶことこそしなかったが，最も鍛えるべき技能は感覚的な能力であると言った。要するに，感覚的知性である。

多重知性の概念は，脳の働きと皮質の技能についてすでに見てきたことと一致する (第1章を参照)。こうした知性は，筋肉と同じように訓練によって鍛えることができ，すべての知性を高いレベルまで開発する潜在力はだれもが備えているという点を，最初から強調しておきたい。

つぎのような知性があるとされている。

- **言語的知性**：「ことばの力」と，文字が織りなす無限の表現を処理する能力の開発。

- **数学的知性**：「数字力」と，無限に広がる数字の世界を理解する能力，および論理的に思考する能力の開発。

- **空間的知性**：3次元空間を再現し，3次元で物を見る能力。

この3つの知性が，一連の伝統的なIQテストを構成しているわけだが，もっと「自分の頭を使いこなす」には，同じくらい重要な以下の知性もしっかりと鍛える必要がある。

- **人格的知性**：自己認識と，自分のことを愛する能力。自分自身にとって最良の友，最良のコーチになること。

- **社会的知性**：1人対1人，1人対少人数のグループ，1人対大人数の集団において成功する能力，ならびに長続きする関係を築く能力。

- **肉体的知性**：「医学的健康」ならびに筋力，柔軟性，心臓血管的健康。

- **感覚的知性**：レオナルド・ダ・ヴィンチが言うところの，さまざまな感覚を限界まで利用する能力。

- **創造的知性**：大脳皮質の技能の全域を使って考える能力。豊かで独創的に，想像力を働かせ，柔軟にすばやく，つながりを持って考える能力。

- **道徳的・精神的知性**：他の生き物や環境に対する思いやり，愛，寛容さ，理解，全体像を考える力，前向きさ，高潔さ。

多くの教育者や哲学者たちは，すべての人間がこうした膨大な知的資源を開発する教育が受けられる世の中になることを，何千年も夢見てきた。

21世紀がはじまり，知性の時代が夜明けを迎える今，この夢をかなえる機会がようやく訪れたのだ！

人間の赤ん坊——すばらしさのモデル

人間の赤ん坊における機能と発達の過程は，人間の脳のすばらしさを示す最も説得力のある例だろう。多くの人々は赤ん坊を「どうしようもなく無能な小さなやつ」とみなしているが，これは現実とかけ離れたことだ。赤ん坊は実は，並外れた学習能力と記憶力を持った高度に知性的な生物なのだ。生まれたばかりの赤ん坊でさえ，最も精巧なコンピュータをしのぐ能力を持っている。

ごく少数の例外はあるが，赤ん坊はみな2歳までには話すようになる。もっと早い例も多い。これはあまりにありふれた現実なのでだれも不思議に思わない。しかし，詳しく調べていくと，赤ん坊が話すようになる過程はきわめて複雑なことがわかる。

話されている言語がまったくわからず，話題となっていることや概念についてもよく知らないものとして，だれかの話をじっと聞いてみよう。これはひどく難しいことだ。しかも音がたがいにつながってしまって，単語と単語の区別がまったくつかなくなってしま

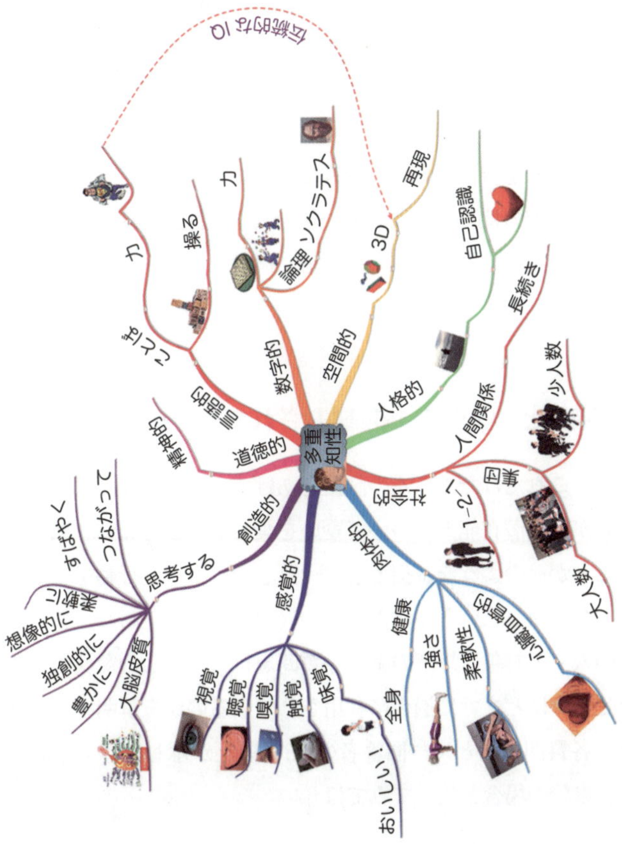

図 3.1
多重知性のマインドマップ。

うこともあるだろう。話せるようになった赤ん坊はみな，この困難を乗り越えてきたのだ。そればかりでなく，意味のあることとないことを区別するという困難な作業も成しとげる。「オオヨシヨシオオヨシヨシヨシアババババブウイイコダネ」などという音を聞かされて，赤ん坊がいったいどうやってその意味を理解するのか，首をかしげずにはいられない。

　幼児はことばを習得していく過程で，リズム，数学，音楽，ことばの体系，空間の位置関係，記憶，統合，創造性，論理的な理由づけや思考などを，生まれながらに理解し微妙に制御している。右脳と左脳が，ごく簡単なことばを話す段階からすでに協同して働いているのだ。

人間の脳はどのように「抑制」されてきたか

　しかし，これだけたくさんの証拠をあげても，なお多くの人々は人間の脳が持つ潜在能力について疑いを棄てようとしない。私たちのほとんどがそのような証拠とまず一致しないような行動をとっているじゃないか，というわけだ。この異論に答えるために，あらゆる世代の人々を対象に以下のような質問を行って，この驚異的な器官がなぜこれほどまでに過少に利用されているのかを解明することにした。各質問のあとに，回答者の95％以上が示した答えを記してある。自分の場合と比べてみてほしい。

なぜ潜在的能力をほとんど発揮できないのか
——アンケート

1 学校で脳について教わりましたか。また脳の働きを知ることが，学習，記憶，思考などにどのように役立つかを教わりましたか。[いいえ]

2 記憶の働きのしくみについて教わりましたか。[いいえ]

3 特別な高度な記憶技術について教わりましたか。[いいえ]

4 学習している時，目がどのように機能するか，また，目の機能をどうしたらうまく利用できるかを教わりましたか。[いいえ]

5 さまざまな学習技術についてなにか教わりましたか。また，それを他の分野に応用する方法を教わりましたか。[いいえ]

6 注意を集中するとはどういうことか，また，必要な時に集中力を持続させるにはどうしたらよいかを教わりましたか。[いいえ]

7 動機づけについて教わりましたか。動機づけによって能力をのばす方法や，動機づけの利用法について教わったことがありますか。[いいえ]

8 キーワードやキー概念について教わりましたか。また，それらとノートのとり方や想像力との関係について教わりましたか。[いいえ]

9 思考についてなにか教わりましたか。[いいえ]

10 創造性についてなにか教わりましたか。[いいえ]

これをみれば、先ほどの異論に対する答えは明らかだろう。私たちが自分の持つ潜在的能力をほとんど発揮できないでいるのはなぜだろうか。その原因は、私たちには自分がどのような存在か、自分に備わっている能力を生かすにはどうしたらよいかについて、なんの情報も与えられていないことにある。

「しょせん人間なんだから!」

私はまた、ここ35年間にわたって50か国以上の国々で別の調査を行ってきた。人々につぎのような状況になったと想像してもらう。

ある課題を与えられてなんとか「完成」はさせたが、結果はまったく悲惨ともいえる状態だ。責任を逃れたい一心でありふれた言い訳をする。「だれだれさんがちゃんとメールを送ってこなかったんだ」「プロジェクトの山場という時に医者に行かなくてはならなくて……」「あいつらのせいだ。この会社の情報システムがもっとちゃんとしていれば、すべてうまくいったはずなんだ」「上司がぜんぜんやりたいようにやらせてくれなかったんだ」などなど。

つぎに、上手な言い訳を並べたててみたものの、おしまいには行き詰まってしまい、とうとうこの大惨事が自分のせいであることを認めざるをえない状況を想像してもらう。

最後に、つぎの文章の空欄を埋めて「罪状を認める」文章を完成してもらおう。「わかった、わかった。おれのせいだよ。でもしかたないじゃないか。おれだってさ、×××××だから!」

どこのグループでも、どこの国でも、どこのことばでも、答えは満場一致で同じものだった。「しょせん人間なんだから!」

一見こっけいにもみえるこの結果は，実は万国共通の決定的に間違った神話を反映している。いわく，「人間にはなにかしら根本的に足りない部分，欠陥があり，この欠陥こそが多種多様な人間の『過ち』や『失敗』の原因なのだ」という神話である。

この考え方を裏づけるために，まったく反対の場合を考えてみよう。

あなたはすばらしい仕事をした。まわりの人たちから「まれにみる人材だ，すばらしい，すごい人だ，天才だ，恐ろしく頭がいい」などと言われ，あなたの仕事が「いやあ，驚いた。今までこんなものは見たこともない，信じがたい，まさに卓越している」と評価されはじめる。しばらくはふつうに謙遜しているが，やがてはあなたも自分の優秀さを認めるようになる。

自分自身が，または他の人が大勢の前で立ちあがって，「そうなんだ，私は非常に頭がいいんだ。私は天才だし，私がやった仕事はまさにすばらしい。すばらしすぎて自分でも驚いているほどだ。どうしてかって？　それは私が人間だからさ！」と誇らしげに発表するところを何回見たことがあるだろうか。

たぶん一度も見たことはないだろう。

それでいて，2つの筋書きを比べたら，この2番目のほうがより自然で正しいのだ。第1章で述べたように，人間，つまりあなたは，まさに驚異的な生き物なのだから。よく言われているとおり，人間は奇跡の創造物なのだから。自分の失敗を認めて「しょせん人間なんだから！」と言うが，実はこれはたいへんな発言なのだ。脳の驚異的な能力を最大限に発揮するためには，まずその働きを学ぶ必要がある。

> 私たちの「過ち」や「失敗」は，私たちが「しょせん人間だから」起こるのではない。その原因は，「私たちがまだ進化の非常に初期の段階にあり，自分たち1人ひとりの持つ驚異的なバイオコンピュータの理解に向かって，やっと最初の，子どもじみた，たどたどしい第一歩を踏み出したばかりだから」なのだ。

　世界中の教育システムが学習方法についてほとんど時間を費やしていないのは，人類全体がこのスーパー・バイオコンピュータのしくみの基礎的な原理について無知であったためである。

　さらにコンピュータ用語にたとえると，脳というハードウェアのためのソフトウェアについて，今まで知らなかったということだ。

　この「脳の取扱説明書」の第2部では，あなたの脳が情報をどのように，なにを，なぜ，いつ記憶し学ぶのかを理解し，記憶術（記憶装置）をうまく活用することで記憶力を倍増させ，秘められた創造力を解き放つ方法をご紹介する。

NOTES

これらの[記憶の]原理を**応用**すれば,
記憶の世界と知識の世界を同時に**制覇**することができるようになり,
このような訓練や応用によって
私が得た多くの**強み**を手に入れることができる。
すなわち,大きな**自信**,熟練された**想像力**,高まる**創造力**,
大幅に向上された**知覚能力**,
そしてもちろん,高い**IQ**だ。

世界記憶力選手権8回優勝
ドミニク・オブライエン

第2部

「脳」力を活用しよう

あなたは事実や図形を覚えるのが得意なほうだろうか。試験でプレッシャーを感じている時，覚えた内容が思い出せるかどうか，心配になったことはないか。第2部では，私たちがどのように情報を想起するのか，どうやったらものごとが「記憶しやすく」なるのかについて，重要な知見を授けよう。記憶力を高め，覚えたことを瞬時に思い出し，もっと整然と創造的に考えるために，簡単にできる記憶術（物覚えのテクニック）や練習を紹介する。

4 情報を想起する能力と学習する能力を一変させる

　この章では，情報を取り込むという生まれながらにして持っている能力について実際に学習をしている時と，学習期間が終了した後に，どのように働いているのかを説明しあなたの能力をテストしてみよう。

学習中および学習後の想起

　記憶と学習について，最も解明されていない，もしくは過小評価されている領域の1つが，学習中や学習直後になにを思い出すかということであろう。つまり，学習時間中になにを取り入れ，その学習を終えた後でなにを思い出すことができるか，ということだ。この章にあるテストとその後の解説を読み進めると，あなたのすばらしい記憶装置を最適な条件下で働かせる能力を身につけるためには，まずはあなた自身が「理解していること」と「誤解していること」をきちんと把握することが肝要であることがわかる。また，「記憶すること」と「理解すること」は同じように機能しないので，テストに出る内容はすべて理解しているにもかかわらず，テストではその半分も思い出せないという事態も解明される。

　歳をとるにつれて物覚えが悪くなる，という思い込みも捨てたほうがいい。これは誤った考えだ。また，時に物忘れがひどい瞬間があるからといって，もう二度と記憶力は戻らないなどと信じてはならない。それはむしろ，いったん手を休めて考えるゆとりがなかっ

たり，思い出す時の方法に問題があったりするのだ。

　情報を覚えるのは苦にならないのに，それを思い出す要領が悪いということもある。脳のなかに格納した情報へのアクセス方法に磨きをかければいいのだ。そのために，まずつぎの簡単な練習を試してみてほしい。

練習 1　学習中の想起

　ここに単語のリストがある。これを一度だけ上から順にすばやく読みなさい。最後まで1語ずつ順番に読んでいくこと。そのために，小さなカードで読み終わった語句を隠していくこと。記憶術の達人でもないかぎり，全部はおろか，半分でさえ覚えるのはむずかしいだろう。できる範囲でやってみればよい。さあ，すぐに始めよう。

家	床	かべ
ガラス	屋根	木
空	道路	その
の	そして	の
そして	ロープ	腕時計
シェイクスピア	指輪	そして
の	その	テーブル
ペン	花	痛み
犬		

ではこのページを隠し，つぎの「解答と解答についての質問」に進みなさい。練習1で覚えている単語をすべて記入しなさい。続いて質問2〜6にも答えなさい。

解答と解答についての質問

もとのリストを見ないで各問に答えること。

1 思い出せるかぎりの単語を順番どおりに記入しなさい。

_____

_____

_____

_____

_____

_____

_____

_____

_____

_____

2 リストの最初から数えて何番目までまちがいなく記入できましたか。

3 リストに2回以上出てきた単語を思い出せますか。その単語を記入しなさい。

4 最後の5つの単語のうち，いくつ覚えていましたか。

5 リストのなかで他の単語とは明らかに異なったものを覚えていますか。

6 これまでの質問で答えたもの以外に，リストのなかほどにあった単語をいくつ思い出せますか。

練習 2 学習中の想起

　自分は「学習中」にどのくらい記憶を引き出すことができるか，その量の推移を考えて下のグラフに線を書き入れなさい。横軸の左端は「学習を始めた時点」，右端は「学習が終わった時点」を示す。縦軸のいちばん下は「なにも思い出せない」状態（完全な忘却）を，いちばん上は「完璧に思い出せる」状態を表す。

　例として図4.1a〜cに，3人の人がそれぞれ自分が学習中に記憶を引き出すことができると考えた量を記入したグラフがある。グラフはいずれも75%から出発している。これは，普通に学習した場合には内容の100%を理解し想起することはないと考えられているからだ。

　もちろん，この例の他にもいろいろな可能性が考えられる。では，これらのグラフをながめたら，自分の記憶を引き出す力の働きを表すグラフを以下に書き入れなさい。

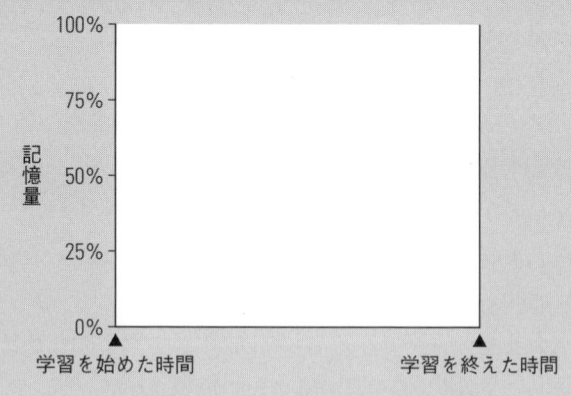

図 4.1a

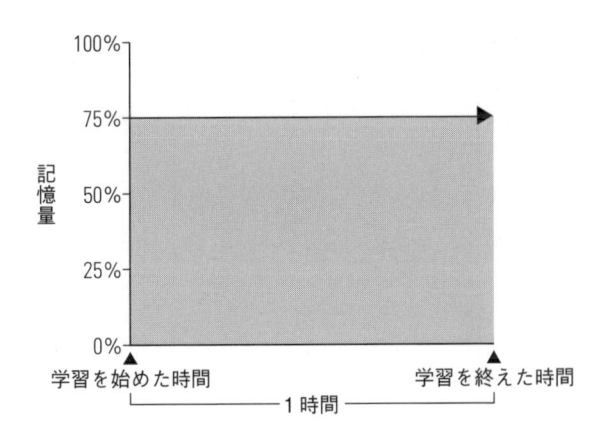

A さんは，学習中は思い出す力が一定だと考えた。

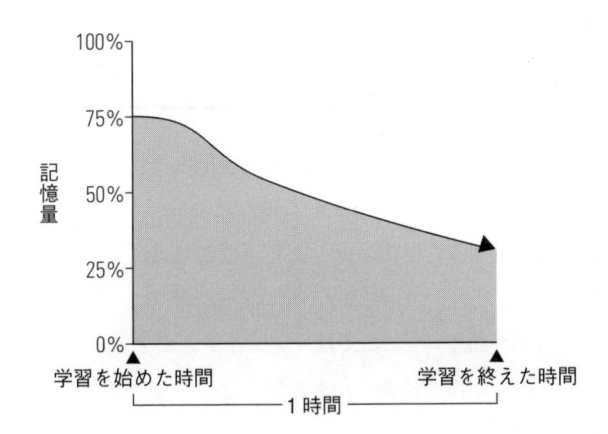

図 4.1b

B さんは，学習のはじめのころのほうが，終わり近くよりもよく覚えていると考えた。

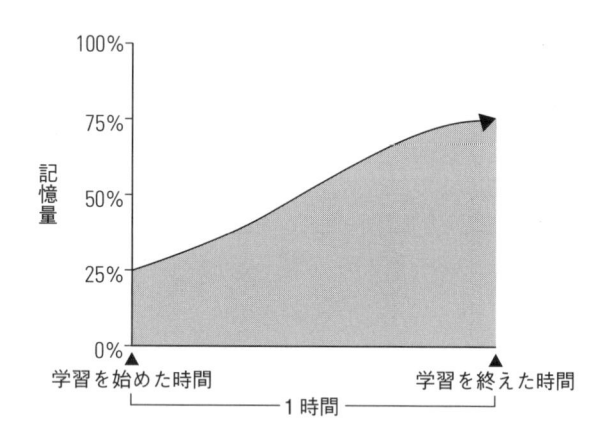

図 4.1c

Cさんは，学習の終わり近くのほうが，はじめのころよりもよく覚えていると考えた。

学習中の想起に関する練習の解説

練習1では，ほとんどすべての人が同じ情報を思い出すことができる。

- リストのはじめのほうの1〜7つ目の単語。
- リストの終わりのほうのうち1つか2つ。
- 2回以上出てきた単語のほとんど（ここでは「その」「そして」「の」）。
- よく目立つ語や句（ここでは「シェイクスピア」）。
- リストのなかほどにあったものはかなり少ないか，まったく覚えていない。

なぜこのように似たような結果が出るのだろう。このパターンか

ら，記憶と理解とが同じように働くものではないことがわかる。すべての語句はきちんと「理解された」のに，すべてが「記憶される」わけではないのだ。

私たちが理解している情報を思い出す能力には，いくつかの要因が関係している。

- 私たちは，「最初に出てきたもの」（「初頭効果」という）と「最後に出てきたもの」（「新近効果」という）のほうが，「途中で出てきたもの」よりも覚えている傾向がある。だから，学習時間のなかほどよりも，最初と最後に示された情報のほうがよく思い出せるのである（図4.2のグラフが，最初は高いところではじまり，3回のピークの前に落ち込み，終わる前あたりから上昇するようすを見てほしい）。さきほどの単語記憶テストの場合，「家」と「犬」がリストの最初と最後にそれぞれ登場している。

- 私たちは，たとえば韻を踏む，繰り返し登場する，感覚に結びつくなど（図4.2の点A, B, Cを参照）なんらかの「関連づけ」や「結びつき」がある時のほうが学習しやすい。単語記憶テストの場合では「その」「の」「そして」が繰り返し登場した。また「木」と「花」，「家」と「屋根」などは関連づけのある単語だ。

- さらに私たちは，「目立つもの」や「特徴的なもの」のほうが学びやすい。「シェイクスピア」という名前は，他の単語のなかでは目立っていて，想像力をかきたててくれる。これは

「フォン・レストルフ効果」と呼ばれる (図4.2の点Oを参照)。

このテストの成績のパターンから,時間が経過するにつれて記憶と理解とが必ずしも一致しなくなることがはっきりとわかる。すべての語句はきちんと理解されたのに,その一部しか思い出せないのだ。きちんと理解しながら学習しても記憶にはあまり残っていないなどということも,記憶と理解の機能の違いによって説明できる。記憶を引き出す力は,頭脳に少し休憩を与えてやらないかぎり,時間の経過とともにしだいに衰えていくものなのだ (図4.3参照)。

このようなわけで,練習2で完成させたグラフは,図4.1a〜cで例としてあげた単純なグラフよりも現実ではずっと複雑なものになる。また,読者が学習中の自分の記憶力の働きについて記入したグラフよりも複雑だろう。練習1の成績を平均してグラフにすると,図4.2のようになる。

通常の状況で理解の程度が一定である時,このグラフから以下のことが読み取れる。

- 学習時間のはじめや終わりに出てきたもののほうが,途中で出てきたものよりも思い出しやすい。

- 繰り返し出てきたり,特に意味があったり,韻を踏んでいたりするような関連づけされたもののほうが,そうでないものよりも思い出しやすい。

- よく目立つもの,変わっているもののほうが,そうでないものよりも思い出しやすい(この記憶の特性は心理学者のフォ

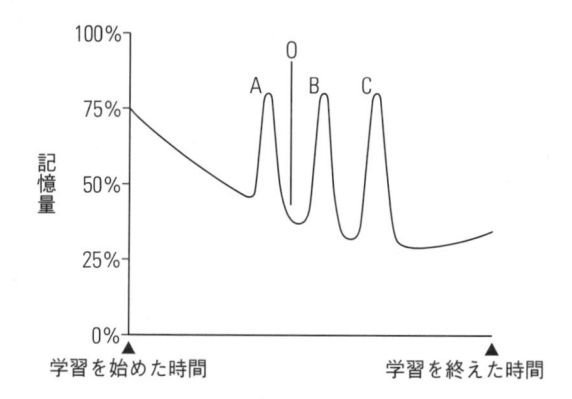

4 情報を想起する能力と学習する能力を一変させる

図 4.2

学習中の想起。グラフは，学習時間の途中よりも，はじめと終わりのことをよく思い出せることを示している。関連づけのあるものや結びづけられたもの（点 A, B, C），とくに目立つものや特徴的なもの（O）は，そうでないものよりもよく思い出せる。

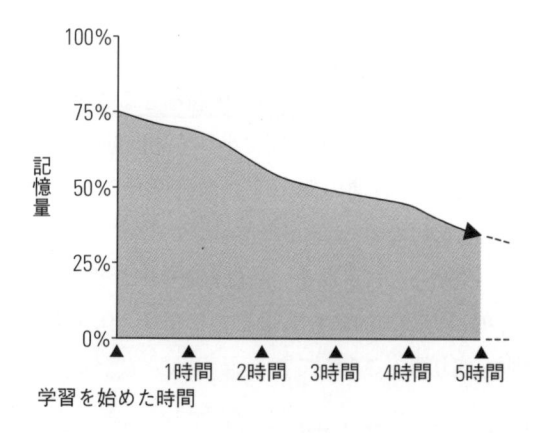

図 4.3

脳を適度に休ませてやらないと，時間がたつにつれて学習している内容を思い出す力はだんだん低下していく。

ン・レストルフにより発見されたことから，フォン・レストルフ効果として知られている）。

● 学習時間のなかほどに出てきたものはなかなか思い出しづらい。

　記憶を引き出す力を適切な水準に保つためには，想起と理解とがうまく調和して働く条件を見つけなければならない。ふつうの学習や仕事においては，開始後 20 分から 50 分の間にこの条件が満たされている。これより短い時間だと，内容のリズムと構成をつかむには十分ではない。一方，これ以上長く続けても，想起できる量は減っていくばかりだ (図 4.3 のように)。

　そうなると，講義を受けるにしろ，本を読むにしろ，電子メディアを利用するにしろ，2 時間以上にわたって学習する場合には，その 2 時間の途中に短い休憩を何度かはさむようにするほうがよい。そうすれば記憶曲線を高く保てるし，学習の後半で低下していってしまうこともない。30 分に一度短い休憩をとることで想起率は相対的に 8 回は高くなる。その合間に小さく 4 回低下するわけだが，この低下はどれも 2 時間の間一度も休憩をとらない場合よりはずっと小さなものになる (図 4.4 参照)。

　休憩はいい気晴らしにもなる。注意力を集中させていると，どうしても肉体的にも精神的にも緊張してしまう。休憩をとればそういった緊張を取り除くことができる。

休憩をとることはとても大切だ！

　このように，学習と記憶の過程で短い休憩を，きちんと間隔をお

いてとることが大切である。たとえば20～50分に一度の間隔で短い休憩を定期的にとることで，学習中に正確な情報をかんたんに想起できるようになる。休憩は，学習した内容を脳が吸収する時間なのだ。重要なことは，休憩をとることでその瞬間に「親近効果」によって記憶力の高い点を創りだし，休憩の終わりにも「初頭効果」によって記憶力の高い点を創りだすのである。図4.4は，2時間学習した時の3つの想起パターンを示したものである。

- 一番上の線は，短い休憩を4回とった時の結果を表している。他よりも高くなっている点は，想起率が最も高かった瞬間である。他の記憶曲線よりも記憶量が高い点の数が多いのは，4回の「始まりと終わり」があるからだ。想起率も高い状態に保たれる。

- 真ん中の線は，2時間の間一度も休憩をとらなかった場合の記憶曲線を示したものである。学習の始まりと終わりの時点で想起率は75％と，最も高くなるが，全体的には記憶の保持率はそれよりも落ち込んでいる。

- 一番下の線は，一度も休憩をとらないまま，2時間以上学習を続けた場合になにが起きたかを示している。このパターンでは，記憶曲線は一度も上昇しないばかりか，どんどん下降して50％ラインも割っていった。効率の悪いやりかたであることは一目瞭然だ。

つまり，休憩をとらないと想起率は徐々に落ちていくということだ。

- ほどよい間隔で短い休憩をとれば，それだけ始まりと終わりが増えるので，脳が記憶しやすくなる。

- 短い休憩はいい気晴らしにもなる。注意力を集中させていると，どうしても肉体的にも精神的にも緊張してしまう。休憩すればそういった緊張を解きほぐすことができる。

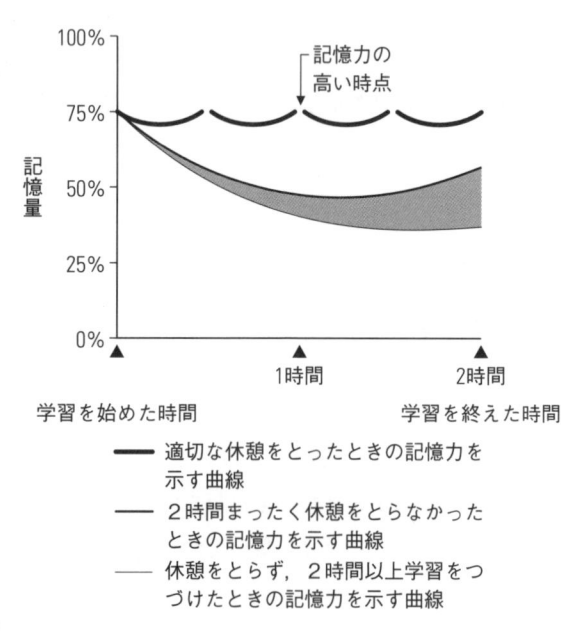

図 4.4

休憩をとった場合ととらない場合の学習時間中の想起率の推移。学習時間が 20〜50 分だと，理解力と想起力が最もよく調和する。

練習 3 学習後の想起

　下のグラフは,「学習が終わったあと」で記憶がどう働くかを記入するためのものだ。横軸の左端は「学習が終わった時点」を示す。右側に縦線が引いていないのは, 学習後数年間にわたって記憶が保持されることも考えられるからだ。下の線は学習したことを「なにも思い出せない」状態を, 上の線は「完全に思い出せる」状態を表す。

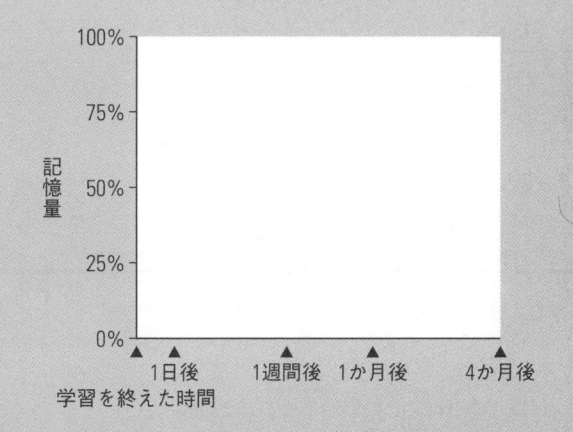

```
100% ┤
 75% ┤
     │
記 50% ┤
憶    │
量 25% ┤
     │
  0% └▲──────▲───────▲─────────▲────
      1日後   1週間後  1か月後    4か月後
  学習を終えた時間
```

　練習2と同様, この他にもさまざまな可能性があるので,「自分だったら」学習が終わったあとでどのようにものごとを思い出すかを考えてグラフに記入しなさい。学習が終わったあとで, 学習した知識を改めて思い出させるようなことはなにも起こらないものとしてやってみてほしい。

学習後の想起に関する練習の解説

練習3は，学習が終わったあとで私たちがどのように記憶を引き出すかを考えてグラフに書くというものだった。図4.5a〜c にこの質問に対する答えの例をいくつかあげたが，この他にもさまざまな答えが寄せられた。

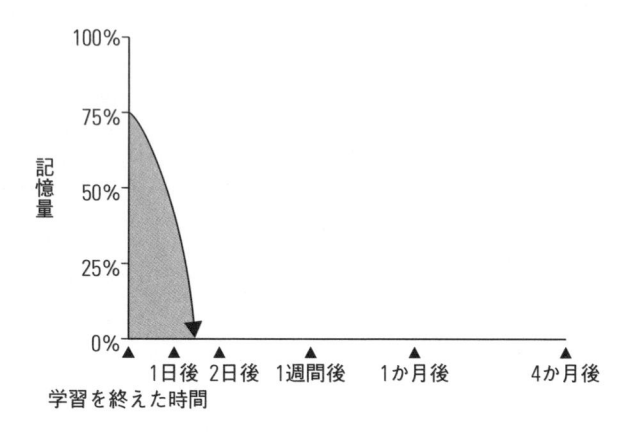

図 4.5a

A さんは，ごく短い間にほとんどすべてを忘れてしまうと考えた。

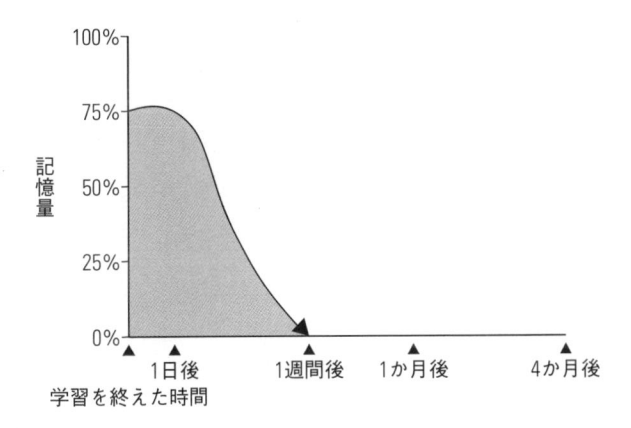

4 情報を想起する能力と学習する能力を一変させる

図 4.5b

Bさんは、しばらくの間は想起率は一定しているが、その後急速に落ち込むと考えた。

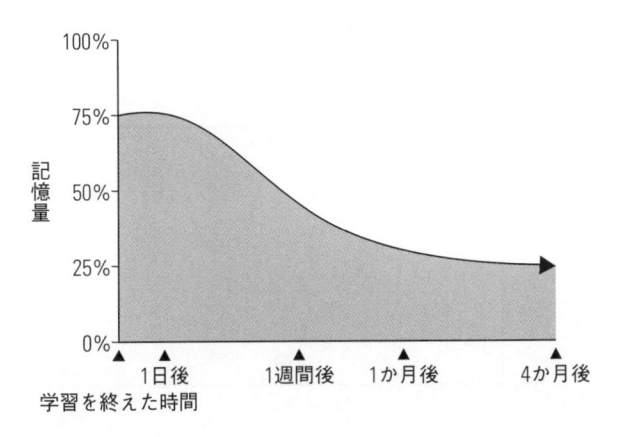

図 4.5c

Cさんは、しばらくの間は想起率は一定で、その後ゆっくりと下降し、あるところまで落ちるとふたたび一定になると考えた。

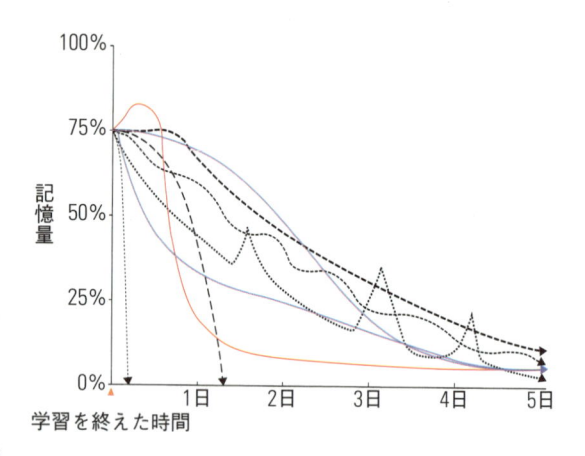

図 4.6

1時間の学習が終わったのちに記憶がどう推移するかについてさまざまな考えかたを示してある。青い線は最も典型的な想起率の低下の予想を示している。赤い線は心理学的研究により測定された実際のパターンを示したものである。最初に上昇してから，急降下していることに着目されたい。

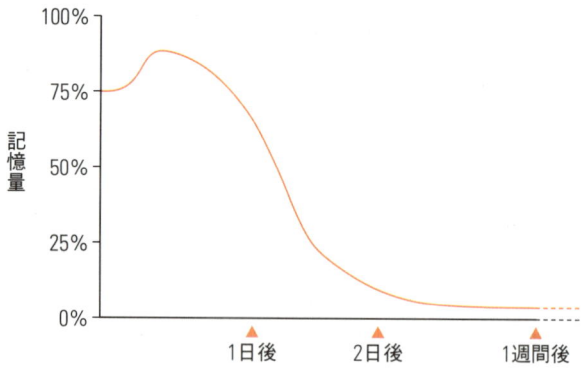

図 4.7

人間の想起率は学習が終わったあとしばらくすると上昇し，それから急速に下降する（詳しい内容は 24 時間以内に 80%を忘れてしまう）。

図 4.5a〜c に示した例の他に，つぎのような解答もあった。たちまちまっすぐにゼロへと落ち込むもの，かなり急速に落ちこんで0％となるもの，またゼロまではいたらず低い値を維持するもの，もっとゆっくりと下降して0％となるもの，または低い値を維持するもの，そしてさまざまな上下運動を繰り返すものなどがあった（図4.6 参照）。

驚くべきことに，先に示した例もここで考えた例も，1つとして正しいものはない。非常に重要な要素を見逃しているのだ。学習後の想起率はまず上昇して，それからはじめて下降し，凹型の曲線を描いて急速に落ち込み，やがて水平となる（図4.7 参照）。

想起率が短時間にせよ上昇することがひとたびわかれば，その理由もおのずと理解できる。学習が終わった直後は，脳には新たに受け入れた情報を統合するだけの時間がない。特に学習の終わりに出てきた項目を統合することができない。新しい知識を相互にしっかりと結びつけるためには数分の時間が必要なのだ。

短時間上昇したあとにやってくる下降はがっかりするくらい急速なものだ。1時間の学習のあと24時間のうちに，せっかく学んだ細かい情報の少なくとも80％が失われてしまう。この莫大な記憶の減少をぜひとも抑えたいものだ。適切な復習さえ行えば，食い止めることができる。

記憶力——復習の技術と理論

系統だった復習を適切に行えば，図 4.7 のグラフで起こることを改善して，学習直後の高い記憶レベルを維持することができる。そ

のためには復習をうまくプログラムして，記憶力が落ちはじめる直前に復習をするようにしなければならない。

　たとえば1時間学習したあとで，1回目の復習は10分後に5分間行う。これによってほぼ1日は記憶レベルが高く保たれる。そして1日後に2回目の復習を行う。これは2〜4分間でよい。記憶はその後，1週間ほどにわたって維持される。ここでまた2分間の復習を行い，さらに1か月後にもう一度復習すれば完璧だ。これ以降は，知識は長期記憶に貯蔵される。つまり，その知識が自分の電話番号と同じくらい身近なものとなり，時折ちょっと突いてやるだけで記憶を保持できるようになったわけだ (図4.8参照)。

　1回目の復習は，とくにノートを取って学習した場合には，それをほぼ全面的に書き換えるくらいのものがよい。最初のノートを破棄し，かわりに改訂した決定版のノートを作るのだ。

　2回目，3回目，4回目の復習はつぎのようにするとよい。まず，決定版のノートを見ないで，思い出せることをすべて紙に走り書きかマインドマップ形式で書き出す。これを決定版のノートと照らしあわせてチェックし，思い出せたことに補足し訂正する。ノートも思い出したことのメモも，マインドマップの形式に従うとよい (やり方は第3部で説明する)。

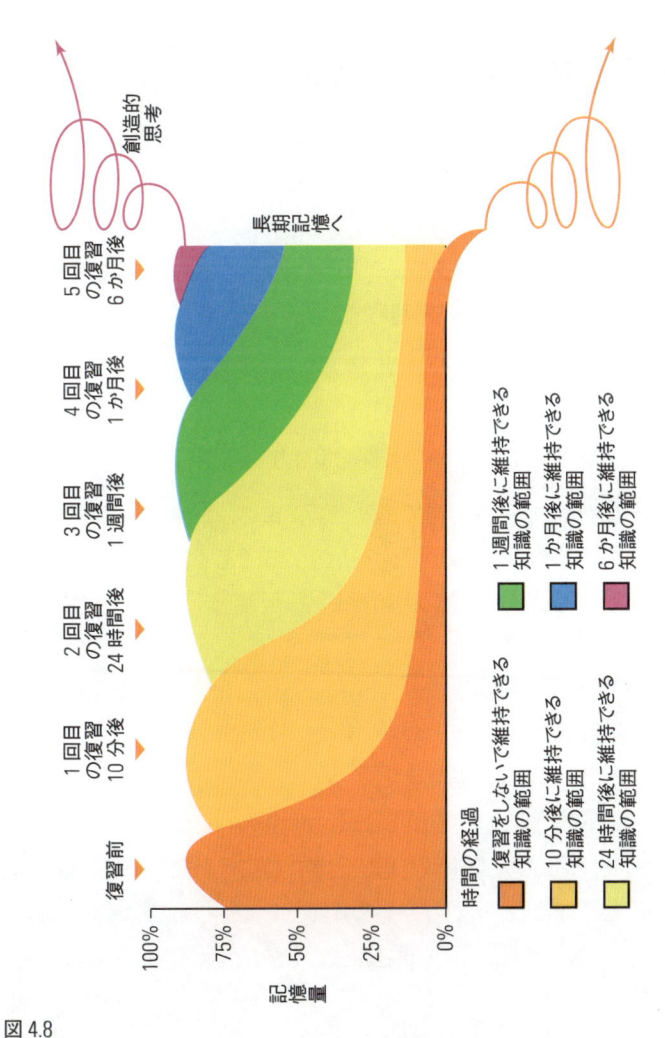

4 情報を想起する能力と学習する能力を一変させる

図 4.8

適切な間隔をおいて復習することで，想起率を高く保つことができる。

学習後の想起──反復することの意義

　新たな情報は，まず短期記憶に保管される。この情報を長期記憶に移行するには練習を積まなければならない。

　情報を長期記憶に移して定着させるためには，平均でも少なくとも5回ほどある行動を繰り返す必要がある。いくつかの記憶術を駆使して，学習した内容を定期的に復習するのだ。

　これを記憶の公式であらわすと，実にしっくりくる（矢印は「中へ」という意味）。

　　短期記憶(STM) → 長期記憶(LTM) = 5 復習(R)

「短期記憶から長期記憶に情報を移すには，5回の反復・復習・想起が必要である」ということを示す公式である。

　学習した内容は，つぎの手順で復習，反復を5回行うとよい。

1　学習した直後
2　学習した1日後
3　学習した1週間後
4　学習した1か月後
5　最初に学習したときから3〜6か月後

　復習を行い，学んだ情報を思い出すたびにそれについて改めて考えることになるし，それが自分の知識として加わっていく。長期記憶を保つにはクリエイティブな想像力を働かせるとよい。学習した内容を何度も復習していくうちに，すでに身についている情報や知識にどんどんつながっていくのだ。

> 多くを学ぶほど，多くを記憶することができる。
> 多くを記憶するほど，多くを学ぶことができる。

復習することで得られるもの，復習しないことで失うもの

　適切な復習は，学習，思考，記憶のあらゆる側面に累積的に効果を及ぼす。復習をしなければ，学習に注いだ努力のほとんどがムダになってしまう。これはとても不利なことだ。

　新しいことを学ぼうとしても，復習をしない人の記憶はひどく低下しており，新しい知識をそれ以前の知識と自動的に結びつけることができなくなっている。つまり，新しい知識は復習をした場合ほど完全には理解されず，しかも新しい知識を取り入れる効率と速度も劣ることになるだろう。こうしたマイナスの作業を何度も繰り返すたびに事態は下方スパイラルをたどり，やがてはなにかを学ぶこと自体に絶望するようになる。新しいことを学んでも片っぱしから忘れてしまうから，学習のたびに気が重くなる。その結果，多くの人は定期試験が終わると金輪際教科書に近寄らないという事態が生じる。

　復習をしないと，記憶一般にも同じくらい悪影響が出る。新しい知識が無視されつづけると，その知識は意識として記憶に残ることがなく，つぎにやってくる知識と結びつくこともなくなる。記憶とは知識を結びつけ関連づける過程だから，「記憶の貯蔵庫」にある項目が少なければ，新しい知識が取り入れられても結びつけられる相手が少ししかないことになる。

これとちょうど反対に，復習を行うことによる利点は莫大なものだ。知識を多く保持すればするほど，より多くの知識を吸収し処理することができる。学習の際に自由に使える知識が多いため，はるかに容易に新しい知識を消化できる。新しい知識は，すでに蓄えられている関連した知識の文脈のなかに吸収されていくのだ（図4.8参照）。この過程は，小さな雪の球を転がして雪だるまを作るようなものだ。雪だるまは転がるにつれて大きくなり，最後には自らの慣性によって転がりつづけるようになる。よい復習の習慣を身につければ，雪だるま効果のように自信もつくし，仕事も生活も良い方向に進むだろう。

5 記憶術をマスターして記憶力を倍増しよう

　記憶術とは、なにかを覚えたいときに記憶を助けてくれるもののことである。語句や人の名前や一連の事実を思い出す時に役に立つ単語や絵であったり、なんらかのシステムや工夫であったりする。英語では mnemonics（ニーモニクスと発音する）と言い、語源は「心に留める」という意味のギリシア語 mnemon（ニーモン）である。また、ギリシア神話に登場する記憶の女神ニーモシュネにも由来する。

　古代ギリシア人が定めた完璧な記憶の基本原則は、今日私たちが知っている左右の大脳半球に関する知識 (17ページを参照) とぴったり一致している。生理学的にも科学的にも一切裏づけがなかった時代にも、ものごとをしっかりと覚えるためには脳のあらゆる部分を活用しなければならないことに、古代ギリシア人たちは気づいていたのだ。

　古代ギリシア以来、とてつもない記憶力を持った者たちが人々の耳目を集めてきた。このような人たちは数百もの事項を順番に、または逆に、あるいはどんな順序でも記憶することができた。日付だろうと数だろうと、顔と名前だろうとかまわない。さらに特定の分野の学問を丸ごと暗記してしまったり、他の人が並べたトランプの順序をそっくり覚えてしまうといった芸当もやってのける。

　私たちのほとんどは、それと気づかないうちに学校の勉強でいくつかの記憶術を使っている。歴史の年号を「いい国 (1192年) つ

くろう鎌倉幕府」や「泣くよ (794年) うぐいす平安京」といった語呂合わせで覚えるのはおなじみだろう。数学では2の平方根を覚えるのに「一夜一夜に人見ごろ (ひとよひとよにひとみごろ, 1.41421356...)」, 化学の元素周期表は「水兵リーベぼくのふね… (すい H, へい He, りー Li, べ Be, ぼ B, く C, の N, O, ふ F, ね Ne)」, 太陽系の惑星の並び順は「水金地火木土天海 (すいきんちかもくどってんかい)」と覚えるのも記憶術だ。日付や電話番号を語呂合わせで覚えることも多い (「虫歯＝648」「俳句＝819」「おはなし＝0874」「よろしく＝4649」など)。これもすべて記憶を助けてくれるもの, つまり記憶術の一種である。

　記憶術は, 私たちの想像力を刺激して, ことばや他の手段によって関連づけをするよう, 脳に働きかけるという仕組みだ。

記憶力を鍛えるとどのように役立つか

　さまざまな記憶術を使って実験したところ, ある人が特定のテクニックを使って10個のうち9個を記憶できる場合, その人は1,000あれば900, 10,000ならば9,000, 100万点満点であれば90万点を獲得できるという結果が出た。10個すべてを完璧に記憶できる人は, 100万個あっても満点をとれる。脳が情報を蓄え, 創造する能力はどうやら無限大であるらしいという仮定を, またもや裏づける結果である。

　このようなテクニックは単なるトリックとして軽んじられてきたが, 最近では違った見方がされるようになっている。容易にすばやく記憶でき, ずっとあとになっても記憶が残るように頭脳を働かせ

る技術が，実際には頭脳の持つ自然な能力を利用する方法であると認知されるようになったのである。

現在わかっている頭脳の働きからみても，これらの記憶術が脳の基本的な機能と深くかかわっていることは明らかだ。記憶術は認められ人気を高めつつあり，最近では大学や学校などで通常の学習の補助として教えられるようになっている。これによって記憶力は驚くほど改善される。しかも記憶術は応用範囲も広い。

世界記憶力選手権

1990年代のはじめに，私は世界記憶力選手権を立ち上げた。こうした選手権大会の結果，今日では記憶の驚異的な離れ業が達成され，過去の心理学的限界が打ち破られ，なにができるかという境界が広がり，驚異的な新記録が樹立されつづけている。例えば，世界記憶力選手権大会の初代チャンピオンであり，その後8回の栄冠を勝ち取ったドミニク・オブライエンはその当時でさえ，順不同のトランプ1組をたったの42.6秒間で完璧に記憶したり，ランダムに生成された100桁の2進数を57秒で記憶することができた。また，2007年英国記憶力選手権ではベン・プリドモアは，よく切ったトランプ1組を26.28秒間で記憶し，アンディ・ベルが出した31.16秒という世界記録を上回り，魔法と言われた30秒の壁を打ち破った。まさに頭脳のスポーツであり，陸上競技の100メートル競争での10秒の壁に匹敵する。

核となる記憶の原理

さまざまな記憶術の礎石となっているのが,「想像力」と「関連づけ」である。単語や数字やイメージなど主な記憶法を駆使して,この想像力と関連づけを活用するほど,頭脳も記憶力も充填されて効率よく働いてくれる。

記憶力を高め,関連づけや結びつきにより頭のなかに描いたイメージを際立たせるために12の記憶テクニックを考案し,覚えやすくするためにそれぞれのテクニックの英語の頭文字を取って「SMASHIN SCOPE（記憶の広大なる範囲）」と名づけた (図5.1参照)。つぎに解説する12の記憶術テクニックの中核を成しているのも,想像力と関連づけである。

1 感覚／感覚的なもの

記憶したいものをもっと視覚的にイメージしたり,聞いたり,味わったり,嗅いだり,触れたり,感じたりすることができれば,それを記憶に留めておく能力は高まるし,必要なときにその情報を引き出しやすくなる。なぜならば,私たちが経験すること,学ぶこと,楽しいと感じることはすべて私たちの感覚——すなわち視覚,聴覚,嗅覚,味覚,触覚,そして身体的な姿勢や動作に対する空間認識（「運動覚」という）——を通じて脳に送られるのだ。

自分の感覚を通じて受けとる情報をもっと敏感に感じとることができるようになれば,記憶力も高めることができる。偉大なる「生来の」記憶の達人や偉大なる記憶術者たちは,それぞれの感覚を異

図 5.1

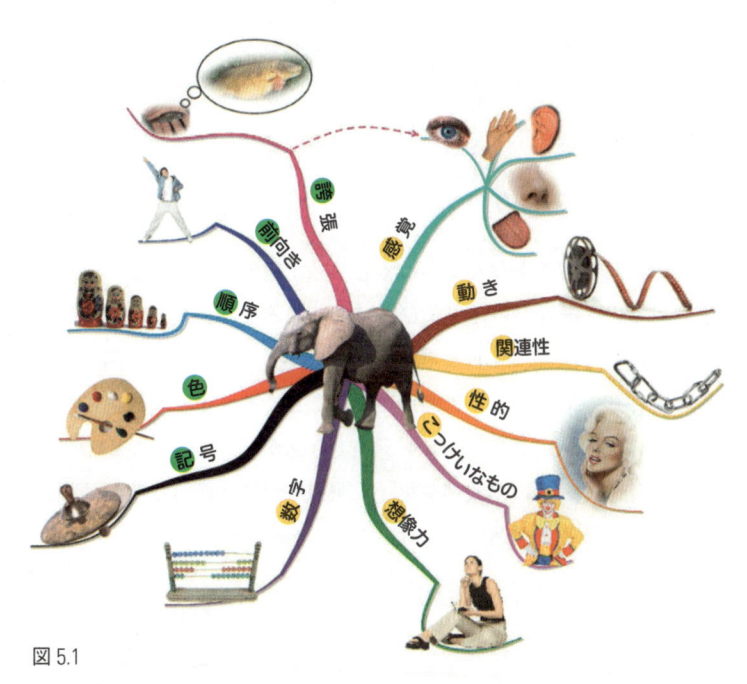

SMASHIN SCOPE（記憶の広大なる範囲）のマインドマップ。

常なほどに研ぎすましてから，これらの感覚を混合させて高度な記憶力を培った。混合された感覚のことを「共感覚」と呼ぶ。

2 動きのあるもの

どのようなイメージを記憶するにせよ，動きを与えてやることで脳がそれを「結びつける」範囲が大幅に広がるのでよく記憶に残る。イメージを動かすときには立体的にすること。動きの1つと

して、記憶のイメージのなかにリズムを使おう。リズムとそのバリエーションをたくさん取り入れることで、心に描く絵はいっそう際立ち、記憶に残りやすくなる。

3　関連のあるもの

　記憶したいものがなんであっても、必ず自分の頭のなかで定着しているものと関連づけたり結びつけたりすること。たとえばペグ法と呼ばれる方法で、「1」と言えば「イチゴ」というように関連づける。よく知っているものと関連づけることでイメージを現実に当てはめていけば、定着したイメージができあがり、情報も覚えやすくなる。覚えたい情報を数字や記号、順列、模様といった他の情報と結びつけることで関連づけを行っていく（図5.2参照）。

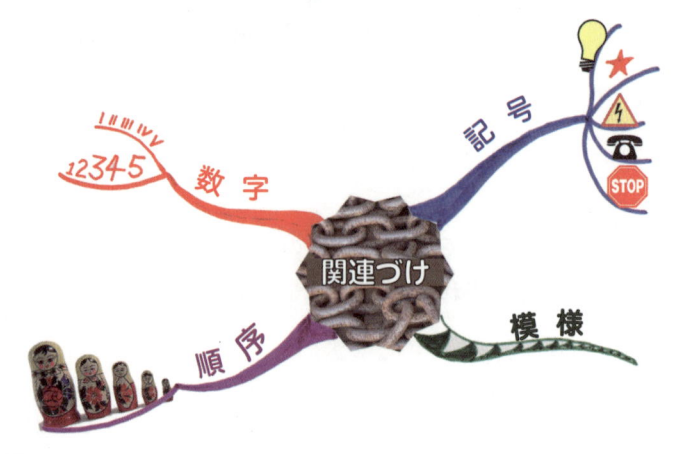

図5.2

記憶力を高めるためにさまざまな関連づけを応用する方法についてのミニマインドマップ。

4　性的なもの

だれでも，性に関するものはほぼ完璧に覚えているものだ。利用しない手はない。

5　こっけいなもの

楽しみながら記憶しよう。おもしろくてばかばかしいイメージ，おかしくて現実ばなれしたイメージにすれば，とくに鮮明に記憶に残る。シュールレアリスム派の画家サルヴァドール・ダリの代表作は『記憶の固執』という題名だ (図5.3参照)。

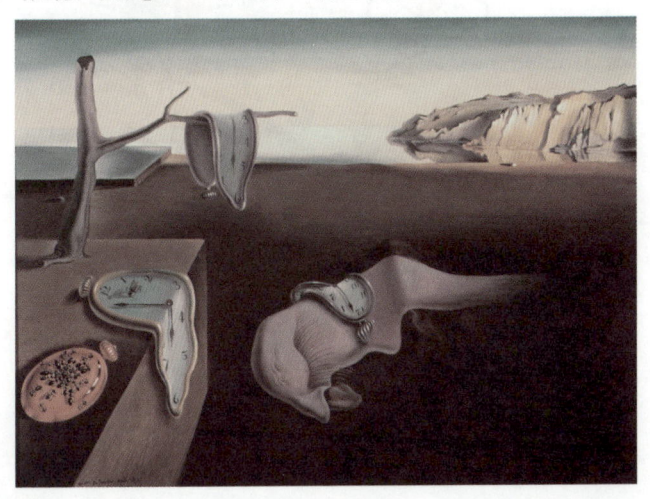

図 5.3

『記憶の固執』
Source: © Salvador Dalí, Fundació Gala-Salvador Dalí, DACS, 2010 and Bettman/CORBIS

6　想像力をかきたてるもの

　アインシュタインいわく,「想像力は知識よりも大切だ。知識には限界があるが,想像力は地球全体を包みこみ,進歩を促して進化を生んだ」。想像力には限界がなく,尽きることもなくあなたの感覚を刺激し,ひいては脳も刺激する (図5.4 参照)。無限の想像力を持つことで,新たな経験を受け入れやすくなり,新しいことを学ぼうとする時のためらいを減らしてくれる。

図 5.4

記憶を助けるために想像力を働かせるさまざまな方法を示したミニマインドマップ。

7　数字を使ったもの

番号は考えに順序を与えてくれるので，記憶に対して強烈なインパクトをもたらす。数字は記憶にもっと具体性を持たせるのに役立つ。

8　記号を使ったもの

記号は，コンパクトな符号に置き換えて，想像力をかきたて誇張することで記憶を定着させる。記憶を促すために記号を創作することは，ロゴを創る作業と似ている。そのイメージについてのストーリーがあり，時にはもとのイメージよりも大きななにかと連動したり，象徴したりすることもある。「止まれ」の標識や電球マークなど，昔からあるような記号を使ってもよい。

9　色彩の豊かなもの

できるだけあちこちに7色全部を使って，アイデアを「カラフル」にして記憶に残るようにする。頭に思い描くイメージにも，絵やノートにも色をつけよう。視覚が研ぎすまされて脳が刺激を受け，見るという体験が楽しくなってくる。

10　順序・並べ方

他の原則と組み合わせて順序や並べ方を工夫すれば，すばやく参照できるという利点もあるし，脳の「ランダムアクセス」能力を高める。例えば，小さい順に並べる，色分けする，カテゴリー別，階層グループ別に分類するなどである。

11　前向きなもの

　前向きで気持ちのよいイメージのほうが記憶に適している場合が多い。脳は悪いイメージよりもよいイメージを「回想したがる」からだ（図5.5参照）。マイナスのイメージはたしかに「記憶に残る」ものかもしれないが，たとえここにあげた原則をすべて満たしていても脳が遮断してしまうことがある。そのようなイメージを回想すること自体が不快である場合が多いからだ。

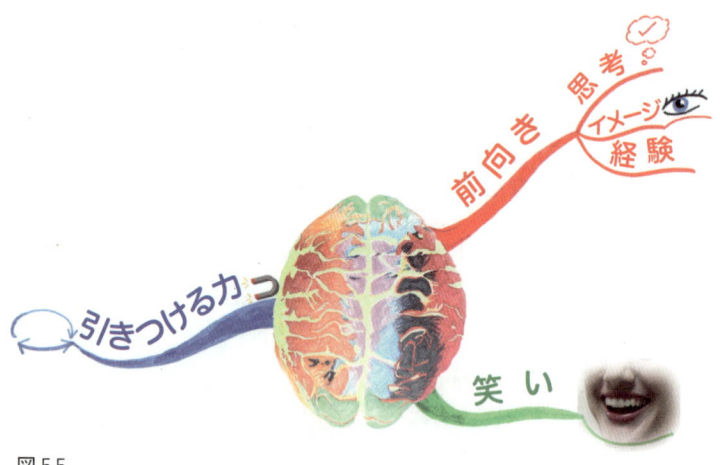

図 5.5

記憶を助けるために前向き思考を活用する方法を示したミニマインドマップ。

12　誇張されたもの

　イメージは，大きく，変形した，やかましいものに誇張しよう。

スケールの大きい，突拍子もないイメージをどんどん想像しよう。大きさ，形，音が誇張されたイメージほど記憶に残りやすい。子どもたちの大好きなキャラクターはどうだろう。例えば，アニメの怪物シュレックや，ハリー・ポッターシリーズの巨人ハグリッドは現実離れした大きさだから，映画に出てくる他のキャラクターたちよりも心の眼にくっきりと刻まれるのだ。

つぎのステップは?

脳を効率よく働かせるためには，その左右両半球を使う必要があることはすでに見てきたとおりだ。記憶の2つの礎石と人間の頭脳の2つの主な活動が一致するというのは，決して偶然ではない。

想像力
　　　　}あわせて　**記憶**　になる
関連づけ

こうして私たちは，記憶のおかげで自分がだれであるかを自覚できるのだ。

このあとを読み進めるとわかることだが，マインドマップの基礎となっているのも，頭脳が持つこの2つの基本的性質——すなわち，「想像力」と「関連づけ」——なのだ。

さらに，前述した12の記憶テクニックSMASHIN SCOPEで明らかにした原理がマインドマップの骨組みにもなっている。私は，こうした記憶の基本的性質を追求していくうちに，記憶術の1つとして初期のマインドマップの開発に至ったのである (第3部を参照)。

記憶システムを裏づける基本的な理論を説明したところで，10個までの項目を記憶するための簡単な方法を紹介しよう。まずは，この簡単なテストをやってみてほしい。

練習 4　簡単な記憶システムと記憶術

　ここに，1から10までの番号のとなりに10個の単語が並んでいる。練習1と同じく，リストを1回読んでみる。順に目を通しながら，読み終わった語はカードで隠していく。このテストの目的は，どの単語にどの番号がふってあったかを思い出すことだ。

4	葉っぱ	5	学生
9	ワイシャツ	8	えんぴつ
1	テーブル	3	ネコ
6	オレンジ	7	車
10	ポーカー	2	羽毛

では，このページを隠して，指示されている順序に従って単語を書きなさい。

練習4の解答

1から10までの番号の横に，それと対になっていた単語を記憶をたよりに記入しなさい。数字の順序は問題と異なっている。思い出せるものをすべて記入してからもとのリストを見直してみよう。いくつ正解したか自分で採点すること。

1 _____ 7 _____
5 _____ 4 _____
3 _____ 6 _____
8 _____ 10_____
9 _____ 2 _____
得点：_____

つぎに，この10個の単語のリストを記憶するための特別な記憶システムをいくつか見ていこう。

数の語呂合わせによる記憶システム

あらためて，さきほどの10個の項目を，こんどは番号順に並べてみる。

1　テーブル　　　6　オレンジ
2　羽毛　　　　　7　車
3　ネコ　　　　　8　えんぴつ
4　葉っぱ　　　　9　ワイシャツ
5　学生　　　　　10　ポーカー

これらを覚えるには，記憶の関連づけて結合する力を用いて，項目と番号を結びつけるようなシステムが必要だ。

　そのためには最も簡単で適しているシステムの1つが数の「語呂合わせ」だ。それぞれの数と似た音を持つ単語を組み合わせるシステムだ。この単語を韻語という。簡単に覚えられるこの記憶術は，短い項目リストを短期間記憶するのに最も適している。

　下の韻語のリストを見てほしい。それぞれの数に対して，それと似た音を持つ単語が並んでいる。

1　イチゴ　　　　　6　ロケット
2　ニンジン　　　　7　七味唐辛子
3　サンマ　　　　　8　ミツバチ
4　よっぱらい　　　9　キュウリ
5　ごはん　　　　　10　ナットウ

　最初の任意に選ばれた練習4の単語のリストを覚えるには，なんらかの方法で上の数字と語呂の合った韻語と強く結びつけなければならない。これがうまくできれば，たとえば「5番と連動していた単語はなにか」といった質問に簡単に答えることができる。数字の5の韻語「ごはん」を自動的に思い出し，続いて韻語から記憶された単語のイメージ，すなわちこの場合には「学生」を連想できるわけだ。やり方はつぎのとおりだ。

● 想像力を働かせよう。違うイメージを使って，自分に合った，もっと記憶に残りやすい別のイメージや韻語を編みだしても

いい。

- 自分にとって覚えやすく，数字を連想しやすい単語を選ぼう。決まったら，できるだけたくさんの色と想像力を使って，つぎのページの枠のなかに自分で選んだイメージを描いてみよう。

- イメージを作る際には，心のなかで非常にはっきりした像を描くことが大切だ。目を閉じて，まぶたの裏側か頭のなかのスクリーンに像を映し出してみるのがよいだろう。

- 自分に一番合った方法で，そのイメージを聞いたり，感じたり，香りをかいでみたり，体験したりしよう。たとえば昨日の昼食に何を食べたか思い出してみよう。脳はお昼の献立をどのように再現してくれるか？ これと同じ原理だ。

この作業を終えたら目を閉じて，自分で決めた韻語とイメージの組み合わせを1から10まで順番に1つずつさらって，きちんと覚えているかどうか確かめるのだ。つぎに，10から1まで反対の順番で，同じ作業を繰り返す。

これが速くできるようになるほど，記憶力もアップしていく。このテクニックを繰り返し練習すれば，関連づけをする能力も創造的思考力も向上する。

考えなくても数字と連動した韻語とイメージがパッと浮かぶようになるまで，順番を変えたりしながら何度も繰り返し練習しよう。

1	6
2	7
3	8
4	9
5	10

数の語呂合わせシステムを活用する

数の語呂合わせに使うキーワードとイメージを覚えたら，さっそくこのシステムを活用していこう。

87ページのリストと，88ページの韻語を結びあわせるのだ。たとえば，こんな組み合わせのイメージはどうだろうか (94ページの図5.6を参照のこと)。

1 **イチゴ** ＋ テーブル
 巨大なイチゴがテーブルのどまんなかに載っているのを想像しよう。テーブルはイチゴの重みで押しつぶされそうになっている。

2 **ニンジン** ＋ 羽毛
 一見なんの変哲もないニンジンを想像しよう。その表面をずっと拡大してみると，細かな赤い羽毛がびっしりと生えている。

3 **サンマ** ＋ ネコ
 サンマがネコをくわえて泳ぎ去っていくところを想像しよう。

4 **酔っぱらい** ＋ 葉
 ひどい二日酔いを想像しよう。体が重く，まるで植物になったみたいで，手足にはびっしりと枯れ葉が茂っている。

5 **ごはん** ＋ 学生
 学生の顔を思い浮かべよう。口のまわりをごはんだらけにし

て，大口を開けて笑っている顔がよい。

6 **ロケット** ＋ オレンジ
高速で飛ぶロケットが大きなおいしそうなオレンジに正面から突っこみ，あたりに果汁をまき散らしながら突き抜けていくのをスローモーションで想像しよう。

7 **七味唐辛子** ＋ 車
巨大な唐辛子マークをつけた車を想像しよう。辛さに泣き叫ぶ運転手を配置するのがよい。

8 **ミツバチ** ＋ 鉛筆
ミツバチの大群におそわれるところを想像しよう。どのミツバチも，針のかわりに小さな鉛筆をお尻につけていて，とまったところにワイセツな落書きを残して飛び去っていく。

9 **キュウリ** ＋ ワイシャツ
見渡すかぎりのキュウリ畑を想像しよう。たわわに実ったキュウリは，みな色あざやかなワイシャツを身につけて，風にふかれてブラブラしている。

10 **ナットウ** ＋ ポーカー
ポーカーをしているところを想像しよう。強い手ができたのだが，喜んでいるうちにトランプの絵が糸を引きはじめ，そのうち両手が納豆でねばねばになってしまう。

キーワードとなる単語はボールド体で示してある。キーワードは

記憶を呼び起こす引き金なので，つねに変わらない。どんなものを覚えるときでも同じキーワードを使うようにしよう。

　単語とイメージが「強く」結びついていて，「好ましく」，「シンプル」で，「わかりやすい」関連づけになっていること，そして何よりも「自分にとって覚えやすい」ものであることを，もう一度確認してほしい。練習を重ねるたびに記憶テクニックは上達し，記憶力は平均を上回る水準で高まる。

　セットになる単語と単語を結びつけるときに，「想像力」を発揮して「関連づけ」を行うのだ。

　自分なりの配列ができはじめると，このテクニックの効果が実感できるはずだ。ここにあげた例をそのまま使う必要はない。自分だけのオリジナルを創ればいい。ばかばかしいもの，現実離れしたもの，やり過ぎなくらい派手なもの，感覚にうったえるものにするほど，想像力をうまく活用することができる。練習を積めば，このテクニックを気軽に使えるようになり，やがてはまったく無意識にできるようになる。

　このようなキーワードを使った記憶システムは，ものごとを思い出したり覚えたりする能力を大きく伸ばすうえで役立つ。

図 5.6

数字の語呂合わせシステム。

練習 5 数字の語呂合わせシステムの復習

このシステムの最後の復習として,あなたの記憶力がどの程度向上したか,もう一度チェックしてみよう。

下の空欄に数字の語呂合わせシステムの韻語のキーワードを書き込み,その横に,練習4で使われた単語を書きなさい。

韻語のキーワード　　　　　　　　関連する単語
1 _____　　　_____
2 _____　　　_____
3 _____　　　_____
4 _____　　　_____
5 _____　　　_____
6 _____　　　_____
7 _____　　　_____
8 _____　　　_____
9 _____　　　_____
10_____　　　_____

少し練習を積めば,同じ記憶システムを用いて10項目すべてを毎回覚えることができるようになる。記憶する単語は,洋服のように,ハンガーからはずして別のものと取り替えることができる。キーワードとなる韻語はいつも同じものを用いなければならない。そうすれば,韻語を忘れることはまずない。

この他にもたくさんの記憶システムがある。たとえば,「メジャーシステム」と呼ばれるものは数の語呂合わせシステムの要領で千以上の項目を記憶できるもので,しかも数や日付を記憶するためのコツもある。また,顔と名前を記憶するシステムは,会ったことのある人の顔や名前が思い出せなくて困るというありがちな失敗をなくすのに役立つ。数と図形を記憶するシステムは,数字の1から10に対して韻語のかわりに関連のある図形を使って記憶を引き出すというものだ。こうしたシステムについて,詳しくはThe Memory Book（BBC Active, 2010）を読んでほしい。

　この章でしだいに明らかになってきたように,記憶とは基本的に関連づけて,結びつける過程であり,キーワードとキー概念を適切に用いることに大きく依存したものだ。このような暗記法・記憶術は本当に効果的なのだ。時にはあまりにもすごい結果が出るので,にわかに信じられない人も多いようだ。これを証明するような実例をご紹介しよう。

「不可能な課題」

スウェーデンのある学校で，14歳の生徒のクラスに宿題を与えた。先生はそれを「不可能な課題」であると説明して，できる範囲で頑張りなさいと言った。生徒たちに与えられた課題とは，歴史と地理を合わせた一般教養科目の授業の一環として，ひと晩で世界の国々とその首都をできるだけ暗記してきなさいというものだった。

そのクラスに，ラルス・サンドバーグという1人の少年がいた。成績は中の上くらいだったが，ジュニアのテニス界で活躍する選手であり，そのため勉強のほうにはいま一つ身が入っていなかった。

厄介な課題に大きな絶望感をかかえて帰宅したラルスは，(スウェーデンの大手船会社サレン・シッピンググループ社の役員であった) 父親のトーマスに不条理な宿題でまさに不可能な課題だとこぼした。

ラルスの父親は，社内に脳トレーニングを取り入れた人物で，著者トニー・ブザンを招いて全社員を対象に原書 Use Your Head の内容の講習を受けさせるという企画を担当していた。また，社員のために「ブレイン・ルーム」という部屋を社内に設置した。休憩をとったり，考えをまとめたり，マインドマップ作りやブレインストーミングを行ったり，ともかく考えること，学ぶこと，記憶することにかかわることならばなんでもやっていいという場所だ。

トーマスは講習で学んだことを実践しはじめて以来，自分の記憶力が格段にアップしたことにとても感動し，得意先相手に会社のポートフォリオや株式公開について語るときも「頭を使って」，取引先から好評を得ていた。サレン社の本社があるスウェーデンの首

都ストックホルムでのことである。

　トーマスは喜びいさんでさっそく息子に記憶技術の使い方と，それが実際にはとても簡単であることを教えはじめた。父子はペグ法をリンク法と組み合わせて，数の語呂合わせ，数と図形，アルファベット法，そしてメジャーシステムも一部活用しながら都市を暗記していった (詳しくは The Memory Book（BBC Active, 2010) を参照されたい)。

　結果として，父と息子は都市の名前と国名だけでなく，記憶した都市のすべてについて正確な発音を記憶することができた。

　ラルスの頭のなかには，わくわくするような色とりどりのイメージや関連づけが，国々が並ぶ地図と連動した形でいっぱいに詰め込まれた。ラルスは暗記をしながら，都市を記憶システムで使う記憶のカギとなるイメージのキーワードと連動して見ながら，同時にそれぞれの国のなかの正確な地理的な位置に当てはめていった。さらに，各国の首都を覚えただけでなく，世界中のすべての国々がどこにあるかという膨大な予備知識まで身につけることができた。それまで，スカンジナビア諸国以外の国々のこととなるといつも混乱していたラルスにとって，これは画期的なことであった。

　2週間後，父親のトーマスのもとに校長先生から電話が入った。「まことに悪い知らせで恐縮ですが，おたくの息子さんがカンニングをしました」と言うのだ。校長は，最近行われた地理のテストで全校の最高点は123点であったこと，そして彼の息子の成績は300点以上だったのでカンニングしたのは明らかだと説明した。

　この話は，ラルスが同級生に記憶力の使い方について父親に教わったとおりに教えてあげたことで，ハッピーエンドとなった。

学習中の想起と学習後の想起の性質を理解していただけただろう。また，記憶を助け，想像力を奮い立たせ，脳に関連づけを促すために最低限身につけたい簡単な記憶術テクニックも練習していただけたことだろう。

次の章では，こうした刺激剤を応用して，創造力を高める方法を学んでいく。

6 記憶にエネルギーを「加えて」「入れる」と、無限の創造性が得られる E+M=C∞

　従来、記憶力と創造力は別々の認知技能として分類されることが多かった。ところが、40年間にわたってつづけてきた頭脳と記憶、創造性に関する研究において、私はこの2つが切り離せないものであることを目の当たりにしてきた。そこで、記憶と創造性の密接な関係を表す公式を発案したのだ (図6.1を参照)。

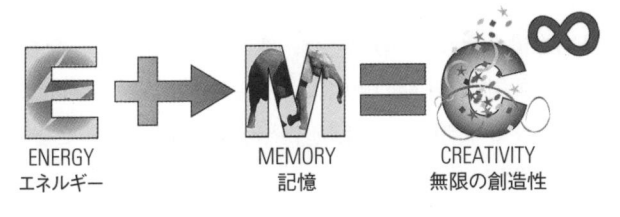

ENERGY　　MEMORY　　CREATIVITY
エネルギー　記憶　　　無限の創造性

図6.1

記憶力と創造性の公式

　それぞれの記号の意味がおわかりいただけるだろうか？
　記憶力と創造力は、どちらも想像力と関連づけがもとになっている。だから、記憶力を高める努力をすれば同時に創造力も高まるし、逆に創造力を伸ばせば記憶力もアップする。したがって、上の公式は次のように読み取る。

エネルギー（E）を記憶（M）に加えて（+）入れる（→）と無限の創造性（C）が得られる

　記憶術のテクニックを練習したり応用したりするたびに，創造力を高める練習になる。

創造性の原動力になっているもの

　創造性とは，想像力と関連づけを使って，既存のアイデアをもとに独創的なアイデアやイメージや解決策を展開させることである。創造性の原動力となっているのは想像力だ。

　創造力を働かせるということは，空想の旅に出るようなものだ。頭のなかで独創的で未開の領域に繰り出す。新たな関連づけが得られて，いわゆる「創造力の大躍進」と呼ばれるような新たな気づきが引き起こされる。

> 　記憶とは，過去のことがらを適切なところにつなぎ止めるために想像力と関連づけを使うことである。一方，創造性とは，現在の考えを未来に植えつけて，未来のある時点でそれを現実において再生するために想像力と関連づけを使うことである。

　創造力を働かせているとさまざまなアイデアが生まれるので，それをじっくりと評価，分析して，そのなかから一番よい新アイデアを選んで加工し，現実的な「解決策」に変えていくことができる。こうして，創造的な行動から生み出される創造力が活かされて，貴

重な「知的資本」を増やすことができるのだ。

かの偉大なる天才，レオナルド・ダ・ヴィンチ (図6.2参照) によると，本当に創造性を発揮するためには次のような努力が必要であるそうだ。

- 五感を研ぎ澄ます
- 科学のなかの芸術を学ぶ
- 芸術のなかの科学を学ぶ
- あらゆるものは必ず，なんらかの形で他のあらゆるものと関連していることに気づく

こうなると，この新しい考え方を自分の考え方，勉強法，学習法，記憶法に取り入れていくためには，やる気と実行力が必要になってくる。

創造性は，学習のあらゆる面に応用できるので積極的に取り入れよう。行動規範や規則に縛られながらの仕事は，考えること自体を否定されているように思えて，なかなか創造力を働かせることがむずかしい場合もある。ところが，そういう状況でこそ新鮮な視点が必要なのだ。最初は不安でも，すぐにわくわくしてきて開放感を感じるようになる。

では，どうすれば実際にできるようになるのか。そのためにはいくつかのテクニックを身につける必要がある。ひとたび習慣にしてしまえば，どんなことにでも役立つテクニックだ。

図 6.2

レオナルド・ダ・ヴィンチの自画像。
Source：©Getty Images/Stuart Gregory

練習 6 創造的知性

このテストでは、あなたの思考プロセスのなかでもさらに輝きのある激しい側面を引き出して、思考と表現の新たな領域へと導いていこう。

以下の設問に対して、自分にまったくあてはまらない場合には0、完全にあてはまる場合には10として、1～10までの点数をつけよ。

	設問	点数
1	図画工作、立体模型を使うことが好きである。	
2	いろいろなビートの曲に合わせて踊ったり、ジャンルの違う音楽を聴いたりすることが好きである。	
3	作文、詩歌、朗読が好きである。	
4	喜劇、悲劇、パントマイム、道化師などの演劇や芝居が好きである。	
5	ユーモアのあること、人を笑わせることが好きである。	
6	他人によく（いい意味での）変わり者、気まぐれ、突拍子のない人だと言われる。	
7	よく演劇、美術展、コンサートなどの文化的な催しを観に行く。	
8	自分には、豊かで変化に富んだ夢の世界がある。	
9	自分のことを、きわめて創造力豊かで、モノ作りの才能がある人間だと思う。	
10	空想することが大好きで、創造的な空想が得意である。	
	合計得点	

分析

50点以上ならばたいへん優秀である。100点満点の人は，創造力という面ではまさに天才という意味だ。このテストはときどきやり直して，得点が上がっていくようすを観察すること。

練習 7 創造的知性

これは，アメリカの心理学者 E. ポール・トーランスによる創造的思考に関する研究をもとに開発されたテストである。紙とえんぴつとストップウォッチを用意してから始めること。

最初に，「輪ゴム」を思い浮かべてほしい (図6.3を参照せよ)。つぎに，ありとあらゆる輪ゴムの使いみちを，60秒以内に考えうるかぎり紙に書き出しなさい。では，採点をしてみよう。

0〜5	あなたの脳は，あなたが思う以上に優秀だ。ここまでの各章をもう一度読み直し，想像力を思いっきり働かるとよい。
5〜7	平均点だ。創造力を高める訓練が甘いか，足りないか，やり方がまちがっている。記憶についての前の2章を読み直すこと。
7〜8	よくがんばった！　平均点以上だ。先を読み進め，本書をおおいに役立ててほしい。
8〜9	抜群の創造力だ！　もう少し努力すれば，次回はきっと天才の域に達するだろう。
9〜12	あなたは創造力の達人だ。あとちょっとで国際的に名を上げることだって可能だ。
13以上	天才レベル！将来もきわめて有望だ。ピューリッツァー賞，いやノーベル賞も夢ではない！この種の知性は年齢が上がるにしたがってさらに向上する。

あなたはいくつの使いみちを思いついただろうか。ふつうの人の脳であれば0から8つ，平均で3，4つほど答えが出るだろう。9〜12点は良，13〜15点は優，そして16点以上であれば，創造力という面ではIQ200以上に匹敵する。

図 6.3

なんに使える?
Source：POD/Photodisc. Photograph by Steve Cole

練習 8 　創造的知性

つぎに，さきほどの紙を裏がえしにして，輪ゴムの用途として適切でないこと（輪ゴムを使ってはどう考えてもやらないであろうこと）を，これも60秒以内に思いつくかぎり紙に書き出しなさい。ぞんぶんに想像力をふくらませよう。

この練習からわかること

　輪ゴムのテストでは,一般的に練習8,いわゆる「負のテスト」のほうが,練習7よりも高得点の人が多い。私たちの心のなかの地形では,なにかの使いみちとして「適切でない」ことはいくつでも思い浮かぶのに対して,実際の用途のほうは少ししか思いつかないからである。

　用途として不適切なことを考えて書き出したところで,どうにかしてそのうちの1つでも使えるようにする方法はないか,考えてみよう。

　この発想の転換の練習をやりはじめた人は,やがて自分で考えた使用不能がすべて使用可能に変わっていくことに気づく。思考を進めるうちに,無限に広がっていた使用不能の領域が徐々にしぼみ,最後にはゼロになる。つまり,輪ゴムの使いみちとして適切でないことなどなにもないのだ。輪ゴムにかぎらず,どのようなものについても同じことが言える。脳が創造意欲に燃えて,エネルギーとツールを適切に活用するようになれば,あらゆるものの使いみちを無限に見つけることができるようになる。すなわち,無限大の用途が無限大に浮かぶのだ。負の領域がゼロにむかって縮小していくに従って,最初はとても小さい数だった正の領域が膨張し「無限大」へと拡大していく。

　理論的に言えば,私たちは無限大の記号「∞」を,本来あるべき場所と正反対の場所に置いていたのだ。これはレオナルド・ダ・ヴィンチの「あらゆるものは,他のあらゆるものと関連している」

という創造的な名言によって裏づけられ，その名言を裏づけるものである。また，世の中の問題と解決法に対する考え方を完全にくつがえすものである。解決できない問題は無限に存在するのに，相対的にごく少数の解決法しかないというのが世間一般の理屈だ。ところが実際には，どんな問題に対しても解決策が存在するのだ。人間の脳は，然るべき訓練を受けて活性化され，その創造力が正しく認識されていれば，解決できない問題など何もない。そう考えていくと希望に満ちあふれた世の中になるはずだ。鬱々として，夢も希望もないなどということはあり得ない。

脳が「問題解決装置」であるかのように思われていた時代もあったということも，ここで付け加えておきたい。これは部分的には正しいわけだが，まちがった場所に重点を置いていたのだ。そもそも，脳とは「解決策発見装置」なのである。

自分を問題解決人間であると考えると，問題のほうに着目してしまいがちだ。解決策を見いだす人間であると考えれば，解決策に焦点を当てることになる。どちらを選ぶかはあなた次第だ。

創造的な脳

独創的なアイデアが次から次へと浮かぶ時，悩んでいた問題に対する答えが見つかった時，あるいは，ずっと思い出せずにいた記憶が突然怒濤のようによみがえった時，あなたは物理的にはどんな場所にいるだろうか。

つぎに書き出してみよう。

_____
_____
_____
_____
_____
_____

以下のような解答が多くみられる。

- 自然のなかに1人でいる時
- ジョギング中や長距離を走っている時
- ふとんのなかにいる時
- 海辺で寝そべっている時
- 風呂やシャワーに入っている時
- 長距離フライトのなかや長旅の途中

図 6.4

白昼夢を見ている時のマインドマップ。

　創造力のほとばしりが以上のような状況 (図6.4参照) で起こるのは、私たちの脳がリラックスしており、なおかつ物理的または概念的に1人きりの状態にあるからだ。このような環境は、創造的なアイデアの開花を助長する。空想にふけることはいけないこととされてきた。とくに教室ではよくないふるまい、言い換えれば学業的には望ましくないと見なされてきたわけだが、今ではそれが根本的にすばらしく創造的な運動であることがわかったのだ。日々の空想の世界を現実のものに変えることができれば、オスカーに値する偉業になる！

夢想家

　このように空想は望ましいことであるのだが，それならばふつうの空想とたいへんに成功している脳や天才の空想とでは何が違うのだろう。ちょっと考えてみよう。天才の脳もあなたと同じように1日中空想にひたり，あなたと同じように空想を楽しんでいるわけだが，1つだけとても重大な違いがある。天才は夢を実現するために努力をする。天才は夢を現実のものとするために努力をする。あなたもそうすべきなのだ。

　それぞれの分野における創造力に富んだ天才たちは，1人として例外なくまったく同じことをしていた。天才たちは空想し，そのあとでそれを実現するために努力をした。例えば，トーマス・エディソンの空想は，地球という惑星の夜の闇を永遠に照らすことであった。彼は6000回の実験を重ねて，その空想を実現したのだ。

創造的な脳を創る

　人はみな，創造的な脳を持っている。あなたも，私も持っている。あとはそれをうまく活用すればいいだけなのだが，問題はどうやって活かしていくかだ。

　脳の右半球と左半球を調和させることができれば，創造力が最もよく働くことはすでに見てきたとおりだ (17ページ参照)。クリエイティブな人々は，訓練されていない，訓練を怠っているふつうの思考と違う思考をするために実行していることがいくつかある。

　創造性の主な要素としては次のようなものがある。

- 想像力
- 関連づけ
- 高速で考える能力
- 独創的である能力
- 柔軟性
- 量産する能力

身体の筋肉と同じように、これらの要素は簡単に発達させることができる。

想像力

想像力は脳のなかのエンジンルームであり、創造性のある人たちは、想像力が高度に発達している。

想像力を開発する代表的な方法の1つは、積極的に空想することである。例えばチャールズ・ディケンズ*が執筆をするときにやったように、物語を作る要領で空想を意図的に導いてやるとよい。あとは、その空想を実現するだけでいい。

関連づけ

関連づけも創造的思考のもう1つの主な要素である。これにはものごとの間につながりを作る能力も含まれる。

私たちの多くは直線的な訓練を受けてきた (136ページ, ノートの取り

---

*訳注:チャールズ・ディケンズの作風は、とくに人物の描写力、映画のような迫力あるストーリーテリング、精密な観察眼で知られる。

方の項を参照)。そのため，あらゆる関連づけが前もって約束されていてどうにも変えられず，文法的に決められていて，意味的にも制限されている世界で，すでに敷かれたレールや流れに沿ってものごとを考えてしまう傾向がある。創造的な脳は違う働きかたをする。創造的な脳はものごとの間のつながりを見つけて，そうした新しいつながりを土台にして考えていく。

　ものごとの間のつながりを見つけるという能力を高めるためにとても役立つ練習がある。たとえば，カエルと宇宙船の類似点を考えてみるのだ (図6.5参照)。

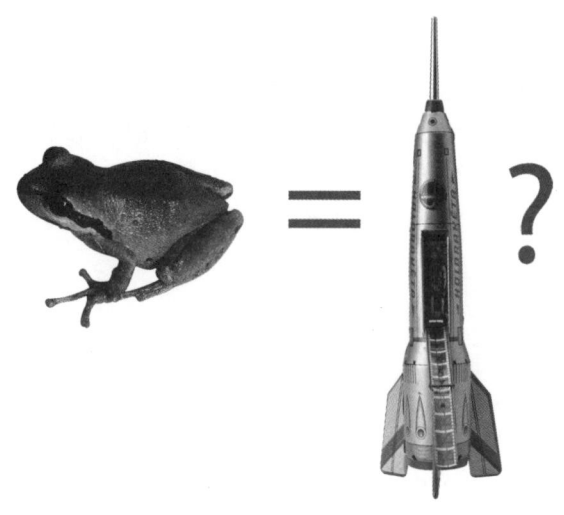

図6.5

カエルと宇宙船の類似点はいくつある?
Source: Images taken from POD/Photodisc

カエルと宇宙船に類似する点など1つもない、という人も多いだろう。でもとりあえず、何か1つでも類似点はないかちょっと考えてほしい。

_____

_____

_____

_____

つぎのどれか思いつくことはできただろうか。

- カエルと宇宙船はどちらも、2つの環境のなかに生きる。
- カエルと宇宙船はどちらも、打ち上げ台を持っている。
- カエルと宇宙船はどちらにも、脳（制御室）がある。
- カエルと宇宙船はどちらも、音を立てる。
- カエルと宇宙船はどちらも、それをもとにしたテレビ番組がある。
- カエルと宇宙船はどちらも、ある種の畏敬の念や驚きをもたらす。
- カエルと宇宙船はどちらも、科学者によって研究されている。
- カエルと宇宙船はどちらにも、感覚器・センサーがある。
- カエルと宇宙船はどちらも、上下動する。
- カエルと宇宙船はどちらも、ナショナル・ジオグラフィック誌の表紙を飾ったことがある！

つながりを見つけて関連づけを行う能力こそ、創造的思考のカギである。

高速で考える能力

　これも創造力の1つの要素である。創造的に考えられる人たちは速く考える。創造的な脳は高速回転しているのだ。それは空想中も同じであり，いろいろな考えが高速で進んでいく。

　この能力を高めるために，ある物の使いみちを1分間でできるだけたくさん考えるという簡単な訓練がある。この練習を毎日でも，週に1，2回でも続けるのだ。やるたびに，1分間に出せる答えの数を増やしていけるように努力する。この練習と空想とを繰り返すことで，創造力のタンクを満たしていくことができる。

独創的である能力

　これも創造的な脳の目印である。今までだれも考えなかったアイデアを考えたり，ほんの一握りの人たちしか思いつかなかったことをちょっと視点を変えて考えたりすることが，創造性につながる。

　優れた創造の頭脳は新鮮なアイデアを考え，楽しみながら探し求め，必ず見つけ出す。これだけ多くの人間の頭脳が存在しているにもかかわらず，形になっているアイデアはいかに少ないことか。次世代の創造的な頭脳により発掘が待たれているアイデアの数は膨大である。

柔軟性

　柔軟性は，つぎに大切な創造性の要素である。違う視点からものごとを捉える能力である。

いわゆる「ふつうの」脳は，標準的な方法でものごとを眺め，いつもその決まった方法でしか見ない。サッカーの試合を，ファンの視点から観戦するようなものだ。ところが，創造力豊かな人は，ファンでない人の立場からも試合を見ることができ，さらにはその試合について劇の台本や詩やジョークを書くこともできるだろうし，まったく異なる視点から「見る」ことができるのだ。クリエイティブな人たちは，ボールの立場から試合を見ることもできるだろうし，シューズやゴールの視点からボールとの関係をとらえたり，試合の上空を舞うカモメになったりすることもできる。つまり，創造的な脳は，あらゆるものごとをさまざまな視点から捉えるように脳が脳を鍛えているのだ。

量産する能力

　創造性のつぎの大切な要因はこれだ。高速で考え，すばやく作ることだ。パブロ・ピカソ，モーツァルト，シェイクスピアなどはほんの一例にすぎないが，いずれも脳の生産ラインから溢れ出たものから数々の傑作を生み出した人物たちだ。

どうやって実践するか

　上にあげた創造力の重要な要素は，いずれも訓練によって伸ばすことができ，大脳皮質の認知技能 (17ページ参照) を使うときも，さまざまな知性 (40ページ参照) を使うときも，しっくりと結びついていくものだ。
　クリエイティブな人たちは必ず，さまざまな知性と認知技能に手

をつっこんで，そこからなにかを引き出してくる。たとえば，認知技能を働かせようという時に，ことばだけを使って説明しようとすれば，とても単調になりたいくつな話になってしまう。しかし，そうしたことばにリズムをつけていけば，はるかに創造的な話し手になれる。ことばといっしょにリズムと，さらにイメージと色も使って話をすれば，たちまち立派な講演者だ。

　第3部では，キーワードやキーイメージを積み木のように使って，想像力，記憶力，そして問題解決能力を伸ばす方法をお見せしよう。また，関連づけが炸裂する放射思考®や，その最終形であるマインドマップにどのようにつながっていくかもわかる。さらに，速読という情報調達技能や，筆者が開発したBOSTデータ収集研究テクニックを習得すれば，頭をフル活用するために必要な，脳に優しい完全統合システムが完成する。

NOTES

マインドマップはただの方法論ではない。
人生観なのだ。
これがあれば，なにをやっても**うまくできる**ようになる。

メキシコ・テクミレニオ大学学長
アレハンドロ・クリステルナ

第3部

偉大なる脳に欠かせない「マインドツール」

あなたは事実を覚えるのが得意なほうだろうか。情報が思い出せるか心配になったことはないか。もっと創造的に考えて自分を表現したいと思ったことはないか。

第3部では,イメージキーワードの使い方を紹介し,直線的な学習という束縛から逃れ,放射思考法を取り入れて,「脳のスイスアーミーナイフ」と呼ばれるマインドマップを活用し,速読を身につけ,最も効率のよい学習技能を実践する方法をお教えしよう。これらはすべて「頭脳のためのマインドツール」である。それぞれの使い方を見ていこう。私が考案した革新的なテクニックは,脳が思考する生来の方法を模倣したものであり,想像力と関連づけの力を使って情報を保存したり取り出したりするのに役立つ。その結果,動的で有機的な試験対策ツールと時間の自己管理と多次元記憶術を自在に操り,潜在能力いっぱいまで頭を使いこなせるようになる。

7 キーワードがなぜ重要なのか

創造的に思考し問題を解決する力を身につけるには，まずキーワードの力をきちんと理解する必要がある。つぎの章で学ぶように，キーワードはマインドマップの基盤にもなるからだ。以下に，キーワードがどのように，なぜか重要なのかがわかる練習問題がある。

練習 9 キーワード

短編小説を読むのが趣味で，1日に少なくとも5編は読み，忘れないように記録をつけていると仮定しよう。小説の内容をきちんと思い出せるようにカードファイルを使っている。1編ごとに書名と著者名のカードを1枚と，各段落につき1枚のカードを作る。段落ごとのカードには，それぞれ正，副のキーワードや文節を記入する。キーワードは，小説から直接引用しても自分で考えてもよい。要は，内容をよく表していればよいのだ。

さて，こうして読んできた小説の数は今や1万編となった。1万編目は小泉八雲の『草ひばり』だ。書名と著者名のカードも作った。

では以下の小説を読んで，128ページの表に，段落ごとに正，副のキーワードを記入しなさい。練習だから，最初の5段落だけにしておくことにしよう。

草ひばり　小泉八雲・作

1 　カゴは、ちょうど高さ2寸、幅1寸5分の大きさ。軸を中心に回転する小さな木の戸には、指先がかろうじて入る。それでも、歩いたり、跳ねたり、とんだりするにはけっこう広いくらいだ。カゴの横の茶色の紗のきれからそっとのぞきこめば、どうにかそいつを見ることができる。それくらい小さなやつだ。明るい光の下でカゴを何回もまわしてみれば、居所を探しあてることができる。たいてい、そいつは天井の隅のほうで、紗のきれからさかさにぶらさがってじっとしている。

2 　蚊ぐらいの大きさのコオロギに、体長よりもずっと長くて、陽にすかなければ見えないくらい細い触角をつけたような虫を想像すればよい。草ひばりという名だ。縁日では1匹12銭もする。同じ重さの金よりもずっと高価だ。こんなブヨみたいなものが12銭。

3 　昼間は寝ているか瞑想にふけっているかだ。さもなければ、毎朝入れてやるナスとかキュウリのかけらにとりついている。清潔にしてちゃんとエサをやっておくのは、けっこうな手間だ。ちょっと見たかぎりでは、こんなちっぽけな生き物のため、あれこれ骨を折るのは、およそばかばかしいと思うことだろう。

4 　ところが、日没とともにその小さな小さな魂が目覚める。すると、妙にあやしく甘い楽の音がへやに満ちる。小さなベルがかすかにふるえるように、また白銀をわたるさざなみのように。闇が深まるにつれ、楽の音はますます甘く、ある時は、妖精の

声に家じゅうがふるえるかと思えるほどに高く，またある時は，かすかにふるえる糸の消えいらんばかりの音となる。だが高かろうと低かろうと，あやしくしみわたるその音には変わりはない。この豆法師，こんな歌を夜もすがら歌いつくし，寺々の鐘が夜明けを告げるとやっと鳴きやむのだ。

5 この小さな歌は，実は恋の歌だ。見ず知らずの相手に向けた，あてどない恋の歌なのだ。この世に生を受けて以来，この虫が恋の相手に出会ったためしはあろうはずがない。何代も前の先祖ですら，野辺の夜ごとの語らいや，恋に誘う歌の意味など皆目知らなかっただろう。どこかの虫屋のかめのなかで孵（かえ）って，ずっとカゴのなかで飼われつづけてきたくせに，遠い昔から歌いつがれてきたとおりに，しかも，ひとふしごとの意味をたしかに知っていると言わんばかりに，少しの間違いもなく歌っている。もちろん，歌など教わってはいない。この歌は種族の記憶の歌だ。遠い昔，丘陵の露にぬれた草葉の陰から，声を張りあげていた幾千万の仲間たちの歌が，魂の奥底のかすかな記憶となっているのだ。あのころは，歌は恋となり，また死となった。今は，死のほうは忘れ，恋だけを覚えている。そういうわけで，けっしてやってこない花嫁に向かって，こうして歌いつづけているのだ。

6 だからこの歌は，帰らぬ昔を恋いこがれる歌だ。この虫は，過去の霞に向かって叫んでいる。沈黙と神々に向かって，時がふたたびめぐり来ることを請うているのだ……。人間の恋人たちもまた，それとは知らずにまったく同じことをしている。人間

は，その幻想を理想と呼ぶ。理想とは，結局のところ，種の経験の影，種族の記録のまぼろしにすぎない。現に生きているこの世は，理想とはなんのかかわりもない……。たぶんこの豆法師にも理想はあるのだろう。少なくとも，理想の名残りくらいはある。しかし，いくらこの小さな願いを口にしても，聞きとどけられることはないのだ。

7 これは，私ばかりの罪ではない。この虫に雌を与えると，すぐに歌うのをやめて死んでしまうと注意されていた。しかし，夜ごとにこの報われない願いをこめた甘い歌を聞いていると，どうにも気がとがめる。しまいには，それが妄想のようにつきまとい，精神的な苦痛となり良心の苛責となってきた。そこで私は雌を1匹購うことにした。ところが時期が遅すぎて，雄にせよ雌にせよ，草ひばりを売っているところはなくなっていた。虫屋は笑って，「彼岸ごろには死んじゃっているはずですよ」と言った（その時はもう10月2日だった）。私の書斎には上等なストーブがあって，いつも25℃ばかりにあたためてあることを，虫屋は知らなかったのだ。私の草ひばりは，11月の末になってもまだ歌っている。大寒までなんとか生かしておきたいものだ。この虫と同じ代のものは，もうみんな死んでしまったことだろう。愛をもってしても，金の力を借りても，花嫁を見つけてやることはできなくなってしまっている。自分で探せるようにと逃がしてやっても，一晩と持つまい。たとえ，日中，庭にいるアリ，ムカデ，クモといった敵から運よく逃げおおせたにしても。

8 昨夜……11月29日，机に向かっているとなんとなく妙な気がした。へやのなかがどことなく空虚だった。そして，草ひばりがいつになく黙りこくっていることに気づいた。ひっそりしたカゴのそばに行ってみると，草ひばりは石のように白く固くひからびたナスのそばに死んで横たわっていた。どうみても3，4日は食べずにいたのだろう。それでも，死ぬ前の晩までは，すばらしい歌を歌っていた。それで，私は愚かにも，いつにも増して満腹しているのだろうと思っていたのだ。書生のアキが虫が好きなもので，いつも虫にエサをやっていた。そのアキが1週間ほど休みをとっていなかに帰っていたので，草ひばりの世話は女中のハナの仕事になっていた。ハナは思いやりのあるほうではない。ハナは虫のことを忘れたわけでなく，ナスがもうなかったのだという。ところが，かわりにタマネギやキュウリを与えておこうなどとは，けっして思いつかなかったのだ……。私はハナをしかり，ハナはていねいにあやまった。しかし，妖精の歌声はやんでしまった。静けさが私をせめたてる。ストーブがあるのに，へやはさむざむとしている。

9 ばかばかしい。米粒の半分ほどの小さな虫のために，気のいい少女を苦しめることはない。ところが，そのちっぽけな生き物がいなくなったために，まさかと思うほど心が痛むのだ……。もちろん，これは，生き物の願望……コオロギのでもなんでもよい……についてあれこれ考えるのが習慣になっていたせいだろう。この習慣によって，いつのまにか，空想上の興味，関係が切れてはじめて気づくような愛着ができあがっていたのだ。

そのうえ、私は、静かな夜に響くたおやかな楽の音に、心深く共感していた。その歌声は、私の意思と利己的な快楽に、神にすがるかのように頼りきっていた小さないのちについて、また、小さなカゴのなかの小さな魂と私のなかにある小さな魂とが、生命の大海の深みにあっては永遠にまったく同じものだということを語りかけていたのだ……。そして、守護神であった私の心が、夢ばかり織りなすことに向けられていた間、来る日も来る夜も、飢えと渇きに苦しんでいた小さな生き物のことを思うと…最後までよくも健気に歌いつづけていたものだ。ひどい最期だったというのに。虫は自分の脚を食べてしまったのだ……。神よ、われらのいっさいを、特に女中のハナを許したまえ。

10 しかし結局のところ、飢えて自分の脚を食らうというのは、歌の才にたたられたものにとって、起こりうる最悪の事態というわけでもあるまい。歌わんがために自分の心臓を食らわなければならぬ、人間のコオロギもいるのである。

小説『草ひばり』の正、副のキーワード

段落	正のキーワード	副のキーワード
1		
2		
3		
4		
5		

つぎの表は，ある学校でこの練習を行った際の生徒の答えの一例だ。これを自分の作ったものとざっと比較してみよう。

生徒から出されたキーワード

段落	正のキーワード	副のキーワード
1	カゴ，木の戸，紗のきれの天井，小さな虫	2寸，回転する，けっこう広い，居所を探しあてる
2	コオロギ，同じ重さの金，触角，草ひばり	草ひばり，12銭，縁日，ブヨみたいな
3	寝ている，清潔にしてちゃんとエサをやっておく，とりついている，ばかばかしい	キュウリのかけら，痛み，瞑想，ちっぽけな
4	しみわたる，楽の音，ベル，魂	白銀をわたるさざなみ，へやに満ちる，しみわたる，夜明け
5	恋，恋に誘う，丘陵，死	夜ごとの語らい，虫屋意味，愛と死

学校での練習では，指導教員はそれぞれの段落から1語ずつを選んでマルをつけた。以下の表に示したものだ。

生徒から出されたキーワードのなかから指導教員が選んだもの

段落	正のキーワード	副のキーワード
1	木の戸	居所を探しあてる
2	同じ重さの金	縁日
3	とりついている	痛み
4	しみわたる	夜明け
5	恋	夜ごとの語らい

つづいて生徒たちは，なぜ先生が他のキーワードではなくこれらの語句にマルをつけたかを説明するように命じられた。一般的な解答はつぎのようなものだった。「よくイメージがわく」「想像力に富む」「内容をよく示している」「適切だ」「思い出すのによい」「記憶を呼び起こす」など。

50人のうちたった1人が，指導教員がこれらの語を選んだ理由を理解していた。この練習においては不適切だから選ばれたのだ。

なぜだろうか。この小説を読んでから数年後に，内容を思い出すためにノートを見たとしよう。ところが，友だちが書名のカードをぬきとってしまって，残りのカードから書名と著者名を思い出すようにと迫ったとする。どの小説についてのカードかはわからない状態で，カードだけを頼りに正確な記憶を呼び起こさなければならないのだ。

指導教員が選んだキーワードは，つぎのように結びつけられることになるだろう。「木の戸」は特に変哲のないことばだが，「居所を探しあてる」を読むと，なんとなくあやしげな雰囲気を持ちはじめる。つづく2つのキーワード，「同じ重さの金」「縁日」は，この雰囲気を固定してしまい，さらに犯罪を思わせるような陰謀のにおいもつけ加える。つぎの3つのキーワード，「とりついている」「痛み」「しみわたる」から，登場人物の1人，たぶん主人公が窮地に陥っていると思い込むかもしれない。「夜明け」は物語の緊迫感をさらに盛りあげる。明らかに，物語のなかでもサスペンスに満ちた重要な瞬間が近づいているのだ。最後の2つのキーワード，「恋」と「夜ごとの語らい」は，この事件にロマンチックで色っぽい雰囲気をつけ加える。かくして，よりいっそうの冒険とクライマックスを求めて，大急ぎで残るカードをめくることになるわけだ。これではおもしろい物語を創作することにはなろうが，本来の物語はちっとも思い出せない。

　一見とても適切なことばのように思えても，さまざまな理由から，記憶を呼び起こすには不適切なことがわかるだろう。どうしてこのようなことが起こるのだろうか。この疑問に答えるためには，想起のためのキーワードと創作のためのキーワードの相違について，さらにこの2つが時間とともにどのように相互作用するかについて説明する必要がある。

想起のために適切なキーワード

段落	正のキーワード	副のキーワード
1	カゴ	2寸
2	コオロギ	草ひばり
3	寝ている	キュウリのかけら
4	楽の音	へやに満ちる
5	歌	恋に誘う歌の意味

　想起のためのキーワードとしては，つぎの語が適切だった。

　どうしてこれらの単語のほうが適切なのだろう。人間の脳がどのように情報を処理するのかについて考えてみよう。図7.1のマインドマップには，小説『草ひばり』の内容だけでなく，気持ちや感情までもが見事にまとまっている。一編の小説を要約したい時に色や記号，図形，イメージの使い方がわかる，優れたお手本だ (マインドマップについて詳しくは第8章で述べる)。

キーワードの種類──想起と創作

　「想起のためのキーワード」や語句には，特定のイメージがたくさんつめこまれている。そして，キーワードからその同じイメージを取り出すことができる。想起のためのキーワードは印象の強い名詞ないし動詞のことが多く，場合によってはこれに形容詞，副詞がついている (図7.2参照)。

7 キーワードがなぜ重要なのか

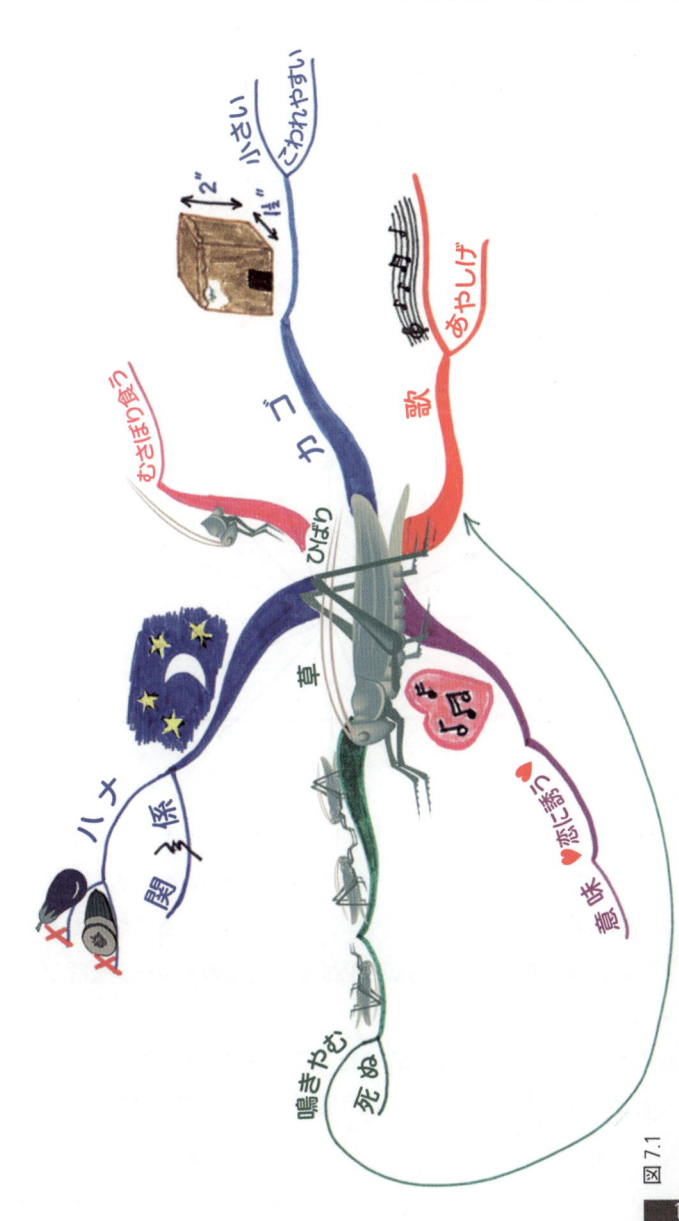

図7.1
カリフォルニアに住む13才の少女がまとめた小説『草ひばり』のマインドマップ。
彼女もエドワード・ヒューー君と同様に、[ふつうの][平均的な]生徒と評価されていた。

図 7.2

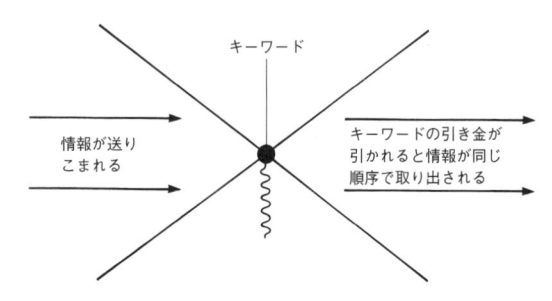

想起のためのキーワードの略図。

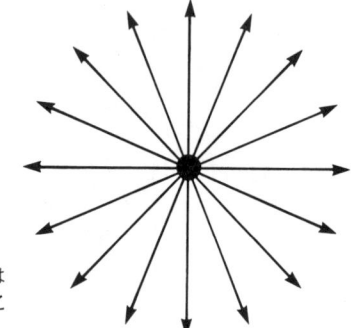

図 7.3

創作のためのキーワードはあらゆる方向と結合することができる。

　「創作のためのキーワード」はとくによく想像力をよび覚ますことばだが，想起のためのキーワードが方向性を持つものであるのに対して，ずっと一般的な内容を持つ。「にじみ出る」「奇怪な」などのことばは想像力をかきたてるが，必ずしも特定のイメージを呼び起こすわけではない（図7.3参照）。

　想起のためのキーワードと創作のためのキーワードの違いに加えて，ことば自体の本質とことばを使う脳についても理解することが

重要だ（マインドマップとの関係におけるキーワードやキーイメージの詳しい分析については151〜153ページを参照してほしい）。

ことばの多元性

あらゆることばは「多元的」だ。小さな芯のまわりにとてもたくさんのフックがついていると思えばわかりやすい（図7.4参照）。このフックはそれぞれ別のことばと結びつくことができる。こうして結びついたことばはそれぞれに、結びつく前とは少し異なった意味を持つようになる。たとえば「なめる」ということばは、「ジャムをなめる」と「おれをなめるなよ」では、まったく異なった結びつき方をしている。

ことばが多元的であると同時に、脳もまた個人ごとに異なっている。第1章でみてきたように、脳の細胞間の結合の数は無限に等しい。しかも人間は、他の人とはまったく異なった生い立ちを持っている（2人の人間が同じ「経験」をしている時でも、AさんはBさんとともに経験しており、BさんはAさんとともに経験しているのだ）。

同じように、ある人が特定のことばから得る連想は、他のすべての人と異なっている。「葉」のような単純なことばでさえ、人によって異なったイメージ群を呼び起こす。緑色が好きな人は「葉」の緑を思い浮かべるだろうし、茶色が好きな人は秋の紅葉を思い出すだろう。木から落ちてけがをしたことのある人なら恐れの感情を抱くかもしれないし、園芸家ならよく茂った葉を見る時の楽しさ、散った葉をかき集める時のことなどを思い浮かべるだろう。「葉」

から連想することを並べていけば，どこまでいっても尽きることはないだろう。

脳はそれぞれ独自のイメージを形作るものであると同時に，本来創造的であり組織化を好むものだ。私たちの脳は，空想や夜に見る夢のように，とかくおもしろくわくわくする物語を作りたがるものなのだ。

『草ひばり』の練習で選んだ想起のためのキーワードと一般的な語句がうまく働かなかった理由は，今や明らかだろう。ことばは多元的だから，頭脳は自動的に最も明瞭で，最もよく想像力をかきたて，最も意味の通りやすいフックを選び出してしまう。

こうして，脳は本来思い出すべきことよりもずっと創造的な道をたどって，おもしろい物語を創りだすことになった。だが，これでは記憶にはなんの役にも立たない。

正しい筋道に沿ってことばを結びつけ，いろいろな事情からまったく忘れてしまった物語をふたたび作り直すことができるようなキーワードこそ，想起のためのキーワードにふさわしい。

キー概念について：ノートのとり方を見直す

人間の記憶は，本来こうしたキー概念から成り立っている。しかしこれは，よく仮定されているような，ことばからことばへといった逐語的な過程ではない。

読んだ本や訪れた場所について記述する時には，記憶をいちいち「読み直して」いるわけではない。登場人物，背景，出来事をキー概念によってまとめ，これに細かなことをつけ加えていくのだ。同

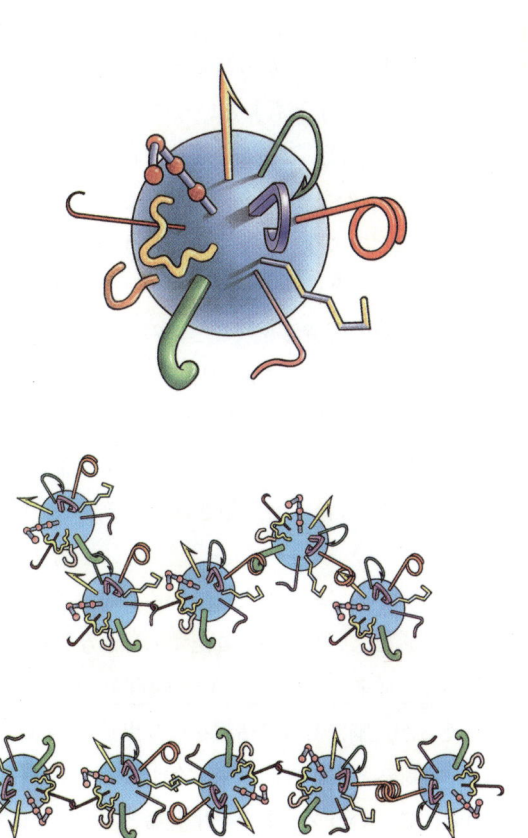

図 7.4

上：すべてのことばは多元的だ。つまり，たくさんの「カギ」をもっているのだ。
中：ことばは多元的なので，脳は間違った結合をたどってしまうことが多い。創作のためのキーワードの場合，とくにそうなりやすい。
下：適切な想起のためのキーワードを使えば，脳は正しい結合をする。

じように，1個のキーワードから経験と知覚の全体を引き出すこともできる。たとえば，「子ども」ということばから受けとるイメージの範囲を考えてみれば，このことがよくわかるだろう。

　では，想起のためのキーワードについてのこのような事実は，ノートのとり方にどのように影響するだろうか。

　私たちは話しことばと書きことばにあまりにも慣れ親しんでいるために，通常の文章の構造こそ，ことばのイメージや考えを記憶するのに最も適していると思いこんでしまう。このような誤った考え方のために，ほとんどの学生や社会人でさえ，通常の文章の形でノートをとっているのだ。図7.5には，このようなノートの一例があげてある。これは，「優」と評価された大学生のノートだ（実は私のものだ）。

　当時は，自分でいいノートがとれていると思っていたのだが，よく見るとここからほしい情報を取り出すのはかなりたいへんだということに気づく。従来のノート法という観点からは「きちんとした」ノートに見えるが，脳にとって情報を取り出しやすいかという意味ではひじょうに雑然としている。「脳に優しくない」ノートなのだ。

　実を言うと，こういうノートを一生懸命とっていたにもかかわらず，成績がどんどん悪くなっていったという事実も，マインドマップを考案する大きなきっかけになったのだ。

　キー概念と想起についての新知識に照らせば，このような形式のノートでは，書かれたことばの90％は情報を思い出すのに不必要だということがわかる。びっくりするような数字だが，このような標準的な文章タイプのノートのとり方によってどのようなことが起

こるかを詳くみていけば，もっとびっくりすることが明らかになるだろう。

- 記憶とは関係ないことばを書くことで時間をムダにしている（約90％のムダ）。

- 不必要なことばを読み直すことで時間をムダにしている（約90％のムダ）。

- 想起のためのキーワードをノートのなかから探すのに時間をムダにしている。キーワードに特に印をつけているわけではないため，思い出す必要のないことばに埋もれてしまっている。

- 想起のためのキーワードの間に他のことばが入りこんで，つながりをわかりにくくしている。私たちは連想によって記憶するのだが，記憶と関係ないことばが間に入ることで，この連想が弱くなってしまう。

- 想起のためのキーワードは，間にはさまったことばによって時間的にも隔てられている。1個のキーワードを読んだあと，つぎのキーワードを読むまでに少なくても数秒かかってしまう。時間がかかるほど，適切なつながりを見つけることが難しくなる。

- キーワードとキーワードが紙面上でも離れている。時間的に離れている場合と同じように，ことばとことばが空間的に離れているほど，適切なつながりを見つけることが難しくなる。

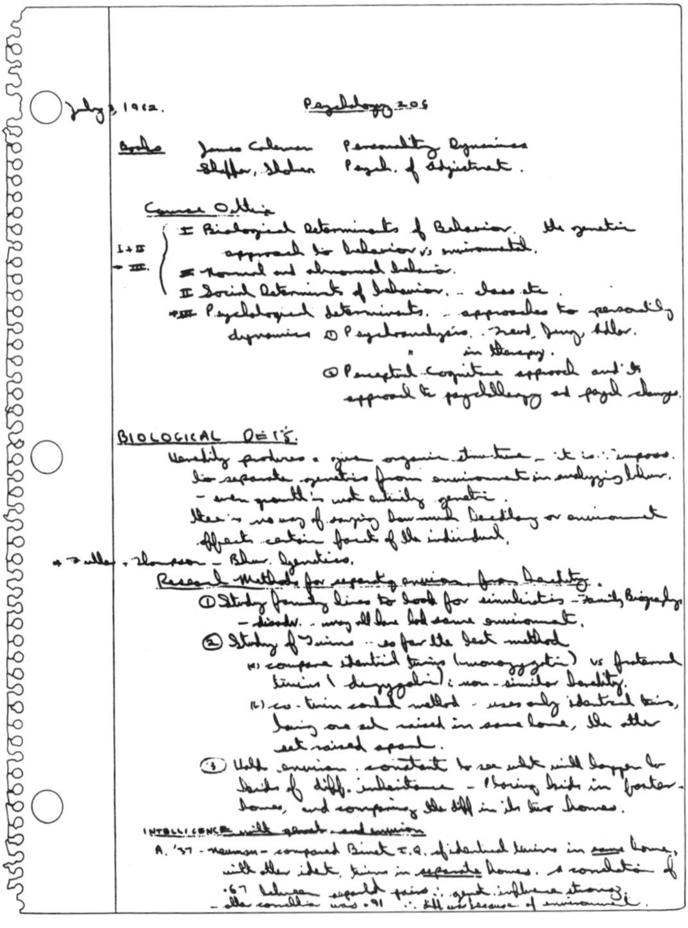

図 7.5

従来「よい」とされている大学生のノートの例（実はこれは私のものだ!）。

これまでに学習中に作ったノートを見直して，想起のためのキーワードを選んでみるとよい。この章を，キーワードによるノート法でまとめてみるのも役立つだろう (174 ページも参照のこと)。

さらに，想起のためのキーワードと創作のためのキーワードを，記憶に関する第5章，特に記憶術の原理を扱った章に照らして見直してみよう。同じように，記憶の章もこの章に照らして見直してみるとよい。記憶術とキー概念の関係と類似点に，特に注意しよう。

復習のところで示したグラフ (図4.8) も重要だ。キーワードによってノートが作られていれば，復習はずっと容易になる。時間が短くてすみ，もっと効率よく完全に思い出すことができる。キーワードのつながりが弱い場合でも，早いうちにしっかりとつないでおくことができる。

最後に，想起のためのキーワードとキー概念のつなぎ方も重要だ。キーワードを単にリストにして羅列するのは避けなければならない。

ここで説明した想起のためのキーワードのつながりとパターン化こそが，マインドマップのテクニックのさきがけなのだ。つぎの章では，キーワードとキーイメージ，そしてそれぞれのつながりとパターン化についてさらに掘り下げていこう。放射思考法についても説明し，それらすべてが脳のための究極の思考ツールであるマインドマップに収斂されていくことも見ていく。

マインドマップとは，この章と第5章で学んできた原理を組み合わせて，「想像力」と「関連づけ」の両方を具体的に表したもの

だ。マインドマップは多次元的な記憶術であり，無限の威力を持つ創造的思考のテクニックでもある。

8 マインドマップと放射思考法について—序論

本章では,人間の脳が非直線的な性質であるということをさらに掘り下げて考え,そこからマインドマップがいかに全脳と放射思考を刺激するかを説明していく。ここから先は,マインドマップの理論と作り方をじっくりと解説する。マインドマップがあったからこそ私はこの本を書くことができたのだ。

マインドマップとはなにか?

マインドマップとは,画像として視覚的に結びつけた思考ツールである。情報を記憶して,整理し,優先順位をつけて取り出すために使う。先にも書いたが,「脳のためのスイスアーミーナイフ」と呼ばれてきた。

マインドマップは,脳が情報をつなげて処理する方法をまねて作成していく。マインドマップは紙に描いたり,(iMindMapなどのソフトウェアを使って)画面上でも作成することができる。特別な記憶とつながり,新しい考えやアイデアを促してくれるキーワードやキーイメージを引き金として使うのだ。マインドマップのなかの記憶の引き金の1つひとつが,事実やアイデアや情報へのとびらを開くカギの役目を果たし,驚くべき潜在能力を秘めている頭脳のパワーを解き放ってくれる。

マインドマップはなぜ効果があるのか。そのなぞを解くカギはダ

イナミックな形状にある。顕微鏡で見た時の脳細胞の形に似ていて，脳がすばやく，効率よく，しかも自然体で働くように考案されている。

　自然のなかにもマインドマップはあるのだ。葉っぱの葉脈や木の枝を見れば人間の脳細胞の形が連想されて，私たち自身がどのように創られ，自然とつながっているかに改めて気づかされる。自然界は，人間と同じようにつねに変化と再生を繰り返しており，人間と同じような対話のしくみも持っている。このようにマインドマップは，自然のなかに存在するひらめきや効果をうまく活用した自然な思考ツールなのである。

　マインドマップは読書や復習，ノートを取る時やまとめる時，企画立案などにとくに適している。とりわけ，

- 参考文献，教科書，論文，専門誌，インターネット
- セミナー，会議，プレゼンテーション，打ち合わせ
- 自分の頭のなか

にある情報を収集して整理し，引き金となるキーワードや事実関係を特定していくうえで極めて有効である。情報を効果的に管理し，成功の可能性を高めるためにおおいに役立つ。

　マインドマップのための準備と作り方を説明する前に，大切な事実をいくつか知っておく必要がある。人間の脳がどのように思考するかということが，マインドマップの構造にも直接かかわるのだ。まずは，つぎの練習をやってもらいたい。

練習 10 宇宙旅行

この指示を読み終えたらすぐに，メモ用紙に，宇宙旅行について30分のスピーチをするための原稿メモを作りなさい。

5分以内に作ること。できあがらなくても5分でやめること。メモを作る際に考えをまとめるうえで直面した問題点については，以下の空欄に記すこと。この練習については，この章のあとのほうで説明する。

私たちは直線的な性質に縛られている

過去数百年，人間の頭脳は直線的，つまり項目のリストのような働き方をするものと広く考えられてきた。話すこと，書くことによるコミュニケーションに人間がますます依存するようになってきたことが，このような考え方を支えてきた。

話す時，私たちは時間的にも空間的にも制約を受けている。いっ

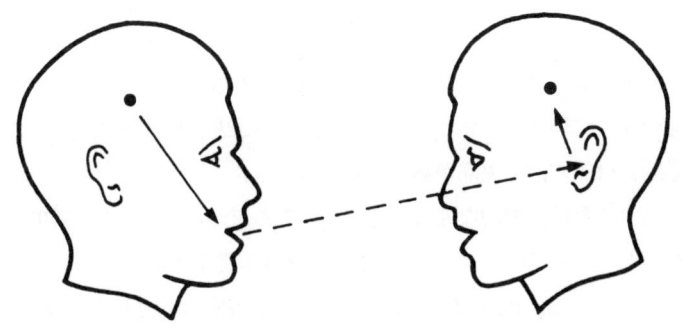

図 8.1

会話は従来，項目のリストのような行為として考えられてきた。

ときに1つのことばしか話したり聞いたりすることができないのだ。こうして話すことは直線的，または線のような過程であると考えられてきた (図8.1 参照)。

書くことはさらに直線的なものと見なされてきた。従来活字はページのうえに順序よく並んでおり，それを1行ずつ順序どおりに読みとらねばならない。

この直線的な性質が，書くことやノートのとり方にも影響を与えてきた。学校でもほとんどの人が，文章または項目のリストという形でノートをとるように教わったはずだ (図8.2(a), 8.2(b) 参照)。練習の宇宙旅行についての30分スピーチのメモも，ほとんどがどちらかの方法で作られたことだろう。

思考は直線的に行われるという考えはあまりにも根強いものだったから，これに対する反論はほとんど行われなかった。だが，ちょっと考えてみてほしい。果たしてこの自然界に，かんぺきにまっすぐなものなど存在するだろうか。人間の生理機能や知性についてもそうだ。私たちは生まれつき直線的に考えるわけでもないのに，書く時になると途端にまっすぐな縦書きや横書きをするのはいったいどうしたことか。

最近，脳ははるかに多元的でパターン化を好むことを示す証拠が見つかっている。つまり，話すこと，書くことに関するこのような議論には根本的な欠陥があると考えられる。

話すことは直線的な性質を持っているのだから脳もまた直線的に機能しているのだという主張は，生物の本質を考慮に入れていない。ちょうど，IQ は絶対的なものだと主張するのと同じである。

8 マインドマップと放射思考法について—序論

(a) 通常の行構造—文章を基礎とする

(b) 標準的なリスト構造—重要さの序列を基礎とする

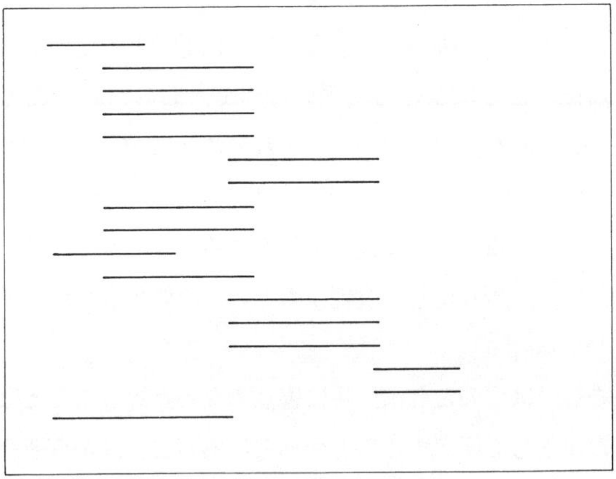

図 8.2

「よい」または「整理された」ノートの標準的な形式。

ことばが人から人へと行き交う時には，たしかにことばは直線的に受けわたされる。しかし，議論の本質はそこではない。話している人の脳とことばを受けとっている人の脳が，それぞれ「内部」でことばをどのように扱っているかが問題なのだ。

明らかに，脳はことばを単に項目のリストや直線的なつながりとして扱っているわけではない。だれかに話しかけている時，自分がどのような方法で思考しているかを考えてみれば，このことがはっきりするだろう。会話の間，たしかにことばは直線的につながって出てくるが，頭脳のなかでは絶えずことばを選り分け選択するという恐ろしく複雑な過程が行われているのだ。たくさんのことばや考えがたくみに選り分けられ，つなぎあわされて，聞き手に特定の意思を伝えるように並べられている。

同じように聞き手もまた，長々とつながったことばを，スパゲッティをズルズルと吸いこむように次々に受けとっているわけではない。前後のことばが作る文脈のなかで，おのおののことばを受けとっているのだ。同時に，それぞれのことばが多元的であることを利用して，その人独自の解釈もつけ加える。この解釈は，それぞれの人の持つ知識の構造に従って行われる。そのうえ，この過程を通じて分析し，暗号化し，批判するといった処理も行われているだろう（図8.3参照）。

好ましいはずのことば，特に害意のないと思ったことばに他人がことの他激しく反応することがある。あることばから連想されることが人によって異なるために，このようなことが起こる。このことがわかれば，会話の際の不一致や誤解の本質がはっきりするだろう。

書くことの性質に基づく主張もまた，論拠に乏しい。直線的に並んだことばを1つずつ順番に読むように訓練されているため，私たちは同じように直線的に書きノートをとるが，これは理解するためには必ずしも必要なことではないし，多くの場合不利ですらある。

頭脳は直線的でない情報を受けとることができる。直線的ではない形態の印刷物，たとえば写真，イラスト，図表など，まわりにあるものを日常的に目にしているのだ。私たちの社会が直線的な情報に大きく依存しているため，問題がわかりにくくなっているにすぎないわけだ。問題の核心にいたるまでに時間がかかること，そしてその過程で長期記憶には必ずしも必要でない情報を言ったり聞いたり読んだりしなければならないことが，直線的な思考の制約なのだ。

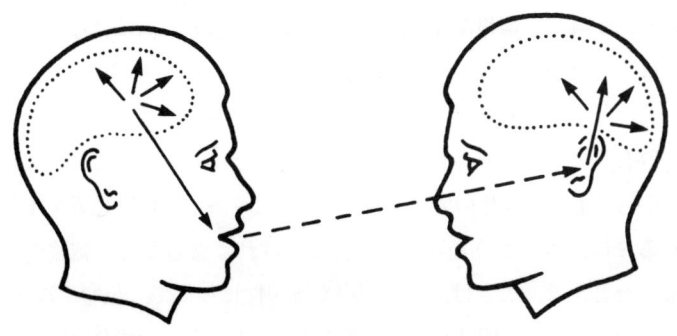

図 8.3

ことばを関連づけるしくみを理解するには，頭脳のなかのネットワークを知ることが重要だ。ことばの順序はさほど重要ではない。

直線的な思考と全脳思考

　脳の非直線的な性質は，最近の生化学，生理学，心理学の研究によっても確かめられている。これらの分野での研究から，脳は非直線的なだけでなく，非常に複雑な相互関係の上に成り立っていることがわかり，これをすべて解明するには何世紀にもわたって調査，研究が必要であることに，各分野の研究者たちは驚きつつ喜んでいる。

　脳は多元的であり，非直線的な情報を受け取ることができる。いやむしろ，受け取るような構造になっている。日々の生活のなかでまわりにある写真や絵を見る時や，イメージや環境を読み取る時など，四六時中やっているのだ。話されていることばに耳を傾ける時，脳は単語ごと，文章ごとに情報を吸収しているのではない。情報をまるごと受け取ってから，それを仕分けて解釈して，さまざまな方法であなたに差し戻している。

　したがって，情報が容易に「はまりこむ」ような構造になっていれば，脳は情報をもっとうまく処理することができる。ロジャー・シュペリィとロバート・オーンスタイン，エラン・ザイダルによる左脳右脳の研究に照らして考えてみよう (17ページ参照)。この研究だけからでも，脳全体の要求を満たすようにノートを作り思考をまとめるには，さまざまな要素を考慮しなければならないと結論できる。たとえば，ことば，数，順序や直線性に加えて，色彩，次元，視覚のリズム，空間認知などを考える必要がある。つまりマインドマップが必要なのだ。

　ことばと情報の性質から考えても，学習中の想起の機能から考え

ても，脳のホログラム・モデルから考えても，また最近の脳研究の成果から考えても，結論はみな同じだ。脳の潜在能力を最大限に利用するためには，全体を形作っている要素をそれぞれ検討し，これらの要素を1つの形にまとめあげる必要があるのだ。要するに，脳梁の左側の機能と右側の機能を組み合わせて，全脳で思考するようにしなければならない。(この全脳思考は，著者が考案したBOSTプログラムの基礎そのものでもある。第12章を参照してほしい。)

キーワードとキーイメージ

キーワードやキーイメージという時，この「キー」ということばは「これは重要だぞ」という以上の意味を持っている。「キー」とは「記憶のキー／カギ」という意味だ。キーワードやキーイメージは，頭脳を刺激して，記憶のとびらを開き情報を引き出してくる上でとても重要な引き金である。私たちは，ある単語を耳にするたびに，すでに持っている知識やその周りの他の単語と関連づけてみる。返事を思いつくのに，文章の一語一句を聞く必要などない。だからこそ，多次元データ仕分け機である脳にとって，キーワードは欠かすことのできない「標識」であり「記憶を呼び起こすことば」なのである (第7章も参照のこと)。

キーワードは，覚えておきたい大切なものごとの唯一の目印として選ばれ，または創作された特別な単語である。ことばは左脳を刺激し，記憶という作業においては極めて重要な要素であるが，キーワードをそのまま用いるのではなく，ちょっと手間はかかっても絵に描いてキーイメージに変換することで，さらに強力なものにな

る。すぐれたキーイメージは左右の脳を刺激し，あらゆる感覚に働きかけてくる。キーイメージこそが，マインドマップと BOST プログラムの真髄である。

　キーワードとキーイメージによって，記憶力はどのように高まるのか。ここに簡単な例をあげよう。

- 水環境と汚水処理と水不足問題の概念を包括するイメージを考える時，たとえば「蛇口」という単語を選んだとしよう。

- キーワードとしての「蛇口」という単語は，分析を使う左脳の記憶を刺激する。

- 水滴がしたたっているような蛇口の絵を描くと，キーイメージができる。これで視覚的な右脳の記憶を関与させる。

- ここで描かれた絵は，文字で表された単語だけでなく，産業としての水道事業や汚水処理，さらには節水のための水やり禁止令，水漏れしている水道管，貯水レベルの低下などを表す視覚的な引き金となる。

「蛇口」という単語だけでは，あなたが培ってきた水資源に関する学習成果のすべてを思い出せるような引き金にはならない。脳全体が使われないからだ。文章の一部としての単語もすべての経験を引き出してはくれない。文章は定義し，限定してしまうものだからだ。一方，キーイメージとして描かれて変換されたキーワードは，左脳と右脳の両方の機能につながることが目的である。絵を描くと

いう行為は放射状につながりを伸ばし，きちんと関連づけられた情報を思い出すきっかけとなる。

キーワードとそのことばの前後関係は，記憶を呼び起こすうえできわめて重要であり，それを理解して解釈するためには，頭脳のなかのネットワークがなによりも大切である。

マインドマップにおいてキーワードがいかに有効かを理解するには，放射思考とBOI（Basic Ordering Ideas：基本階層概念）の原則を知っておく必要がある。

放射思考とは何か

マインドマップがいかに優れたツールであるかを理解するには，私たちの脳がどのように考え，どのように情報を記憶するのかをもう少し知っておくといいだろう。先に説明したとおり，脳は直線的で単調に働くのではない。脳は考える時，キーイメージやキーワードに含まれる中心点からいろいろな方向に向かって同時に働く。この過程を放射思考と呼ぶ。

その名のとおり，思考は放射状に外に向かっていく。たとえるならば，木の枝，葉っぱの葉脈，あるいは心臓から広がる血管のようなものだ。これと同じように，マインドマップは中心の概念からスタートし，外に向かって放射して詳細なことがらを取り込んでいく。脳の働きを正確に映し出している。

脳の自然な働きをできるかぎり反映したやり方で情報を記録することができれば，脳はもっと効率よく重大な事実や個人的な記憶を思い出すことができるだろう。どういうことか。つぎの練習問題を

試してもらいたい。

練習 11 放射思考

　脳はことばで考えると信じている人は多い。ここでは，あなたの膨大なデータベースである脳のなかから，あるデータにアクセスしてほしい。前もって考える時間はないものとする。取り出してほしいデータは最後の行に書いてある。それを見たらすぐに，以下の質問に答えなさい。

- 取り出したデータはなんだったか？
- それにアクセスするのにどれくらいの時間がかかったか？
- そのものの色は？
- そのデータの周りで連想されたものはなにか？

取り出してほしいデータ：バナナ

　単語が「聞こえた」瞬間，熟れ具合によって違うが黄色，茶色，緑色などの色が見えたはずだ。カーブした形も見えたかもしれない。そのイメージからフルーツサラダ，朝食のコーンフレークのトッピング，ミルクセーキなどを連想したかもしれない。イメージは即座に，どこからともなく現れたに違いない。単語の文字をじっくり観察することなどなかっただろう。イメージはもう頭のなかに保管されていたのだ。それを取り出せるように誘導するだけでよかったのだ。

この練習から、私たちは主として根本的にはイメージで考えるということがわかる。ことばは、私たちの脳の間に不可欠なイメージを運ぶだけのサブルーチン*に過ぎない。また、私たちはみな、性別、身分、国籍にかかわらず、瞬間的に放射思考によってキーワードの連想をキーイメージと結びつけている。そのプロセスはあらゆる思考の基礎であり、マインドマップの基礎となっている。そう、マインドマップは放射思考のプロセスを強化し、増大させるために考案されたのだ。

BOI（Basic Ordering Ideas：基本階層概念）

つぎに、あなたの考えのマインドマップを形にしていこう。

マインドマップを作るにあたっての最初のステップは、BOI（基本階層概念）を決めることだ。BOIとは、関連するあらゆるアイデアを引っ掛けるための「フック」である。ちょうど教科書の章見出しのようなもので、テーマの内容を表している。BOIは、最も単純明快に情報のカテゴリを表した単語やイメージである。いわば、思考の章見出しである。したがって、脳が自動的に最大限の関連づけを思い浮かべられるような単語でなければならない。

どんなBOIを選んだらいいかわからない時は、今の主な目標や構想に照らして、つぎのような簡単な質問を考えてみよう。

● 目的を達成するためにはどんな知識が必要か？

---

*訳注：随時利用される、目的の決まった処理手順。

- これが本であったなら，どんな章見出しをつけるだろう？
- 具体的な目標はなにか？
- そのテーマで最も重要なカテゴリを7つあげるとしたらなにか？
- 基本となる7つの質問〔いつ，どこで，だれが，なにを，なぜ，どのように，どれを〕に対する答えは？
- これらがすべて含まれるような，もっと大きくて，もっと包括的で，もっと適したカテゴリはないか？

例えば，人生設計のマインドマップを作りたい時，つぎのようなBOIカテゴリがあったら便利かもしれない：

- 自分史：過去，現在，未来
- 長所
- 短所
- 好きなもの
- 嫌いなもの
- 長期的な目標
- 家族
- 友人関係
- 実績
- 趣味
- 感情面
- 仕事
- 家庭
- 責任

BOIをあらかじめよく考えておけば，さまざまなメリットがある。

- 主な概念が決まっているので，そこから派生する概念は自然につながって出てきやすい。

- BOIはマインドマップの形を決めて組み立てていくうえで役に立つので，脳も自然体で考えられるようになる。

マインドマップを作り始める前に最初のBOIのセットを決めてしまえば，のこりの概念は理路整然と使いやすい形で出てくるようになる。以下に，さきほどの練習10の宇宙旅行の例を用いてマインドマップの使い方を説明しよう。さらに，履歴書を書く時に役立つ自分についてのマインドマップの作り方も解説する。BOIの使い方をマスターできたか確かめながら，意識して絵や色を用いて考えると習慣を身につけていってもらいたい。

脳とマインドマップ

脳が情報を最も効率よく結びつけるとしたら，情報はできるだけ容易に適切な結びつきに「はまりこむ」ような構造をとるべきだ。さらに脳がキー概念を相互に結びつけ統合するように働くのなら，私たちのノートやことばの関係もこれにふさわしい構造をとらねばならない。伝統的な「直線的な」ノートは，これにはふさわしくない。

ノートのいちばん上から始めて文章や項目のリストを書き下していくやり方はやめて，主題となる概念を中心として，そこから外に向かって個々の概念へと枝分かれしていくやり方をとるべきだ。

マインドマップを使って145ページの練習10に取り組むとしたらどうなるだろう。図8.4に一例を示した（これはマインドマップの世界チャンピオンのフィル・チェンバースがiMindMapソフトウェアを使って作成したものである）。

この章のはじめに書いたような直線的なノートのとり方と比べて，マインドマップには数々の利点があることが見えてくる。

● 主題である概念を中心に置くことで明確に定義される。

● それぞれの概念の相対的な重要さがはっきりと示されている。重要な概念ほど中心の近くに，重要でない概念ほど外側に配置される。

● キー概念相互のつながりが一目でわかる。

● これらの結果，記憶も復習もより効率が高まり時間がかからない。

● 新しい知識をつけ加えるのが簡単だ。消したり行間に割りこませたりする必要がない。

● それぞれのマップの違いが一目でわかる。このことは記憶に役立つ。

● まとめノートを作る時など，創造的な仕事にも適している。マインドマップには終わりがないから，脳が新しい概念のつながりを容易に作ることができる。

　これらの点，特に最後の項目をふまえて，あらためて宇宙旅行のスピーチと同じような練習をやってみよう。今回は直線的なノートではなく，マインドマップを用いることにする。簡単な「やることリスト」のマインドマップでもいいし，もう少し詳しい履歴書か仕事関係のブレインストーミングでもよい。つぎの章にいくつかの例

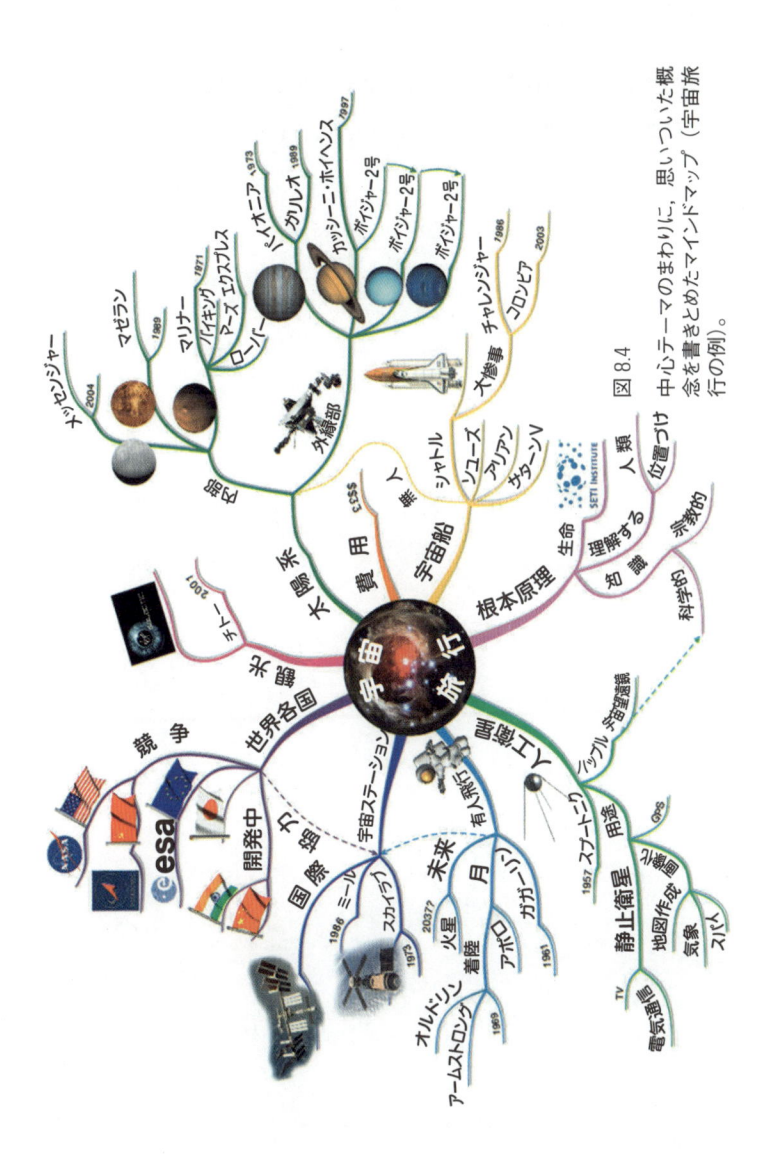

8 マインドマップと放射思考法について—序論

図 8.4
中心テーマのまわりに、思いついた概念を書きとめたマインドマップ（宇宙旅行の例）。

をあげておく。それを見ながら，マインドマップの作り方の手順を1つひとつ学んでいく。

9 マインドマップの作り方

この章では，手描きのマインドマップの作り方を解説する。
(iMindMap の準備と作り方について詳しくは The Mind Map Book (BBC Active, 2010)，www.thinkbuzan.com サイトの「製品」タブを参照していただきたい。)

マインドマップは以下の手順に従って作る。

1 核心の問題，トピック（例：「やるべきこと」「仕事と私生活のバランス」など）にしっかりと焦点をしぼる。目指しているもの，解決しようとしていることがなんであるかをはっきりさせよう。

2 自分の前に1枚目の紙を横向きに置いて，ページの中心からマインドマップを作り始める。紙を縦向きでなく横向きに使うことで，ページ幅の狭さに制約されずに自由な表現ができる。

3 白紙の中心に，目標のイメージを描こう。絵が下手だってかまわない。まったく心配することはない。マインドマップの出発点に絵を使うことはとても重要なのだ。絵は想像力を活性化し，思考をジャンプスタートさせてくれる。

4 はじめから，色を使っていくこと。絵を強調し，構造と質感を与え，創造的な要素を添えることで視覚を刺激し，頭のなかでのイメージを定着させる。全体で少なくとも3色は使うようにする。色の使い方について自分なりの決まりを作ろう。色は階層別，テーマ別，あるいは特定の部分を強調するために使うこともできる。

5 つぎに,イメージの中心から外に向かって放射状に,色の違う太い線を何本か描く。これはマインドマップのメインの枝であり,頑丈な木の枝のようにBOI(基本階層概念)を支えていく。メインの枝を中心のイメージとしっかりつなげることが大切である。脳も記憶も関連づけによって働いているのだ。

6 直線ではなくカーブした線で描くこと。見た目に面白いから脳にとっても印象深い。

7 それぞれの枝の上に,テーマに関連するキーワードを1つずつ書く。1つひとつのキーワードは主な考え(すなわちBOI)を表し,テーマに関連した状況,感情,事実,選択肢などを短い単語で書くこと。1本の線に1つずつキーワードを書く。そうすることで,追求している問題の本質が具体的に定義され,関連

づけが強烈に脳に保管されるようになる。単語を連ねたり文章を書いたりすると，その効果が薄れて記憶を混乱させてしまう。

8 なにも描かない枝を何本か追加しよう。脳はきっとそこに何か描きたくなるだろう。

9 つぎに，連想される思考や2次的な思考のために，第2，第3レベルの枝を作成する。第2レベルの枝はメインの枝につながっていて，第3レベルの枝は第2レベルの枝につながっていく。このプロセスではつなげることが最も重要である。それぞれの枝のために選ぶ単語は，その題材または状況について疑問を投げかけるものであってもいい。「だれが？」「なにを？」「どこで？」「なぜ？」「どうやって？」などだ。

練習 12 自分自身のマインドマップを作ろう

これでマインドマップを作るのに必要な基礎的なスキルは習得できた。ここで下の「マインドマップの法則」に目を通し，さらに著者についてのマインドマップを描いた図9.1と図9.2のスタイルだけ（中身ではなく）をまねて，自分自身の履歴書をマインドマップで作成してみよう。では練習をはじめなさい。

マインドマップ——自然の法則

- 中央にカラーのイメージを書くことから始める。イメージには千ものことばにまさる価値があることが多い。また創造的思考を促し記憶を大幅に高める。紙は横向きに使うこと。

- マインドマップの随所でイメージを使う。上に述べたような効果があり，脳の随所の働きを刺激し，視覚的に捉えることで記憶を助ける。

- 楷書で書くこと。のちに読み返す時のために，楷書のほうがより正確に，はっきりと読みやすく，理解しやすい。書く時には少しよけいに時間がかかるだろうが，これは読み返す時に短縮できる時間でじゅうぶんに取り返すことができる。

- ことばは線の上に書くこと。線は他の線と結びついていること。これがマインドマップの基本構造となる。

9 マインドマップの作り方

図 9.1
著者の履歴書。手描きのマインドマップ形式で。

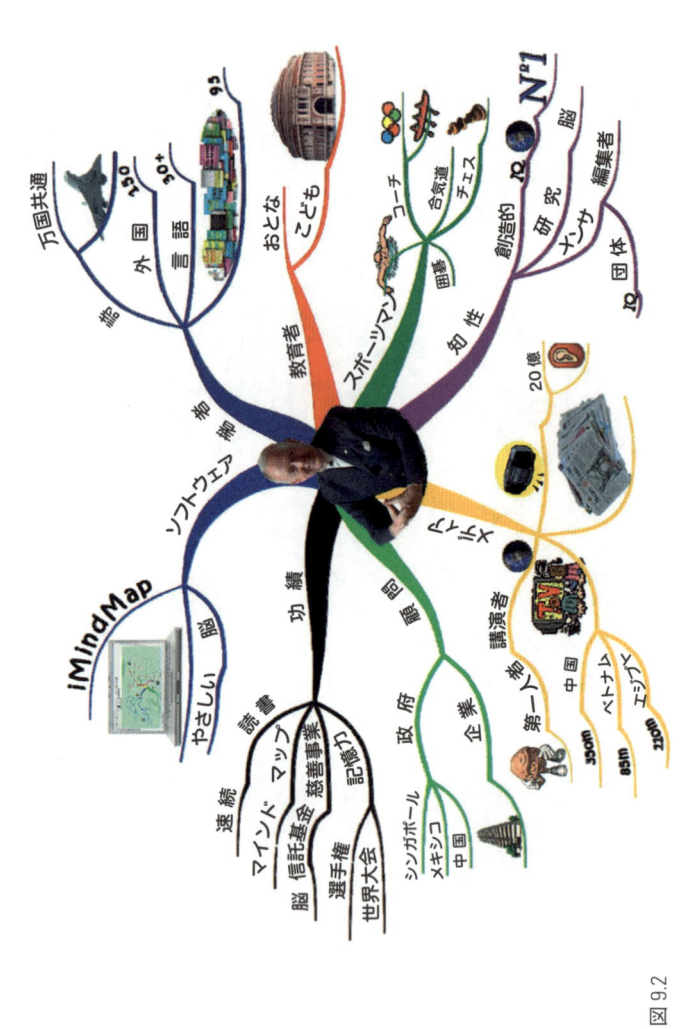

図 9.2
ここでは著者の履歴書を iMindMap 形式にした。さまざまなスタイルの可能性がある。

- 1本の線の上に1語だけを書くこと。ことばを特定のことばと一緒にしないことで、ことばを結びつけるかぎを多く残しておくことができる。たくさんの単語を乗せるより、自由で柔軟なノート作りができる。

- 色を多用すること。記憶を高め、見た目にも楽しく右脳の働きを刺激する。

マインドマップは、頭脳ができるかぎり自由な状態になれる構造になっている。中央の主題のまわりに、脳が思いつくことをすべて書き出すのがマインドマップのねらいだ。頭脳は書くよりも速く概念を送り出してくるから、休む暇はほとんどないはずだ。休んでも、ペンや鉛筆は紙の上でむずむずと動いているだろう。こういう時は、さっさとペンをおろして書き進めばよい。順序とか構成を心配する必要はない。たいていの場合、自然にうまくいくものだ。もしうまくいかない場合は、作業の最後に少しだけ順序を整えればよい。

このようにマインドマップは、136〜142ページに概説した標準的なノート法の欠点をすべて解消していると考えられる。

マインドマップを使って問題を解決

前の章でやった宇宙旅行に関する練習 (145ページを参照) では、次のような問題がしばしば生じる。

- 順序
- 整理のしかた
- 論理的なつながり
- 時間の配分

- はじまり
- 終わり
- 概念の強調
- 心理的な障害

　これらの問題は，見出しや概念を1つずつ選び，これを並べながら進めようとするために生じる。利用できる情報をすべて考慮に入れないうちに，スピーチの枠組みを決定しようとしているのだ。すると必ず混乱が起こり，このような問題が生じる。なぜなら，いくつかの項目を書いたあとで新しい概念が現れて，それまで考えていた全体像がまったく異なるものに変わってしまうことがあるからだ。標準的なノート法やノート整理術を使っていて，このようなできごとが起こるとまさに破壊的だ。しかしマインドマップによる方法では，これは単に全体のプロセスの一部であって，適切かつ容易に取り扱うことができる問題だ。

　項目をリストに羅列する方法は，脳の働き方に逆らっているという点でも不利だ。概念を思いつくたびにこれをリストに加えるのだが，つぎの概念を探している間は前の概念を忘れてしまっている。つまり，ことばの多元的で連合的な能力をすべて切り捨ててしまって，新しい概念を探す間，箱詰めにしておくようなものだ。マインドマップによる方法では，それぞれの概念はあらゆる結びつきの可能性を残してオープンになっている。それゆえマインドマップは，小さく押しこめられることなく有機的に成長し大きくなっていく。

マインドマップの実例

　ここで自分が作ったマインドマップを，3人の子どもたちのマインド

マップと比べてみることにしよう。図 9.3, 9.4, 9.5 を参照してほしい。

図 9.3 は，かなり聡明だが，勉強は雑で混乱しており，精神的に統制がとれていないと評された 14 歳の少年が書いたものだ。直線的なノートの抜粋は彼の「最高のノート」ということで，これを見

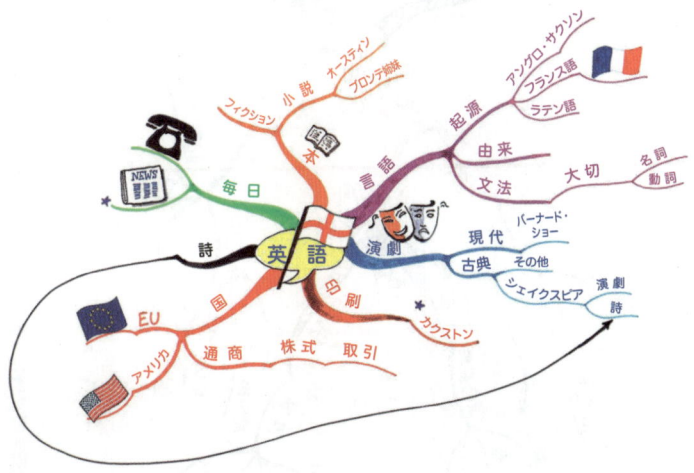

図 9.3

14 歳の少年が書いた直線的な形式の「最高のノート」と，英語についてのマインドマップ。

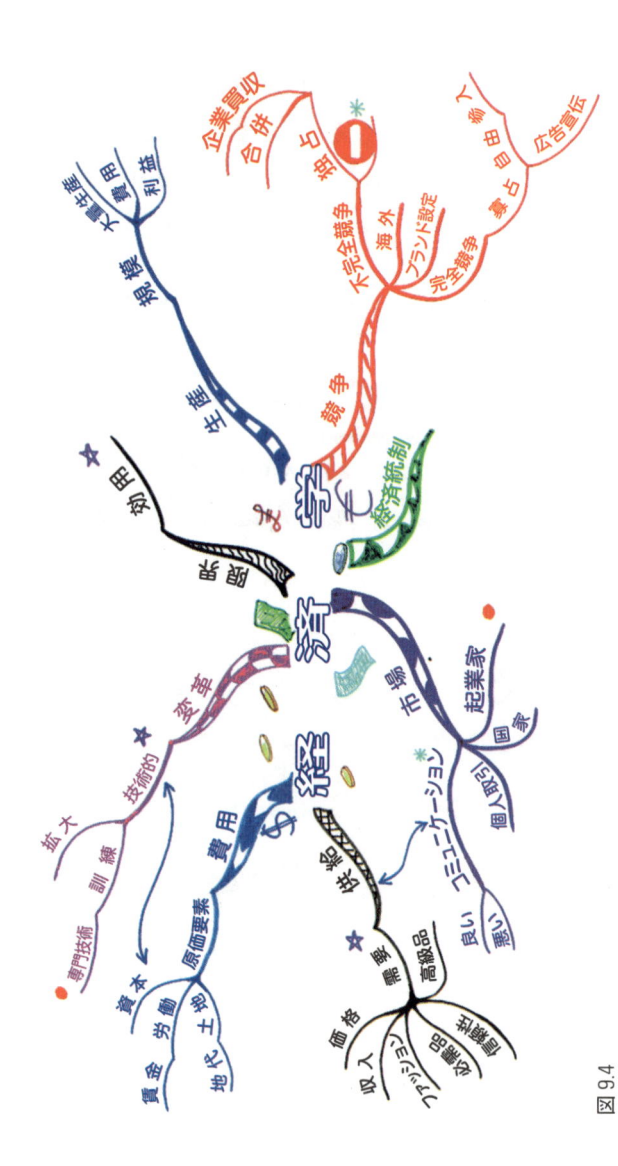

図 9.4
GCSE の経済学の試験に 2 回も落第した学生のノート。

9 マインドマップの作り方

図 9.5
優秀な生徒が作った純粋数学についてのマインドマップ。

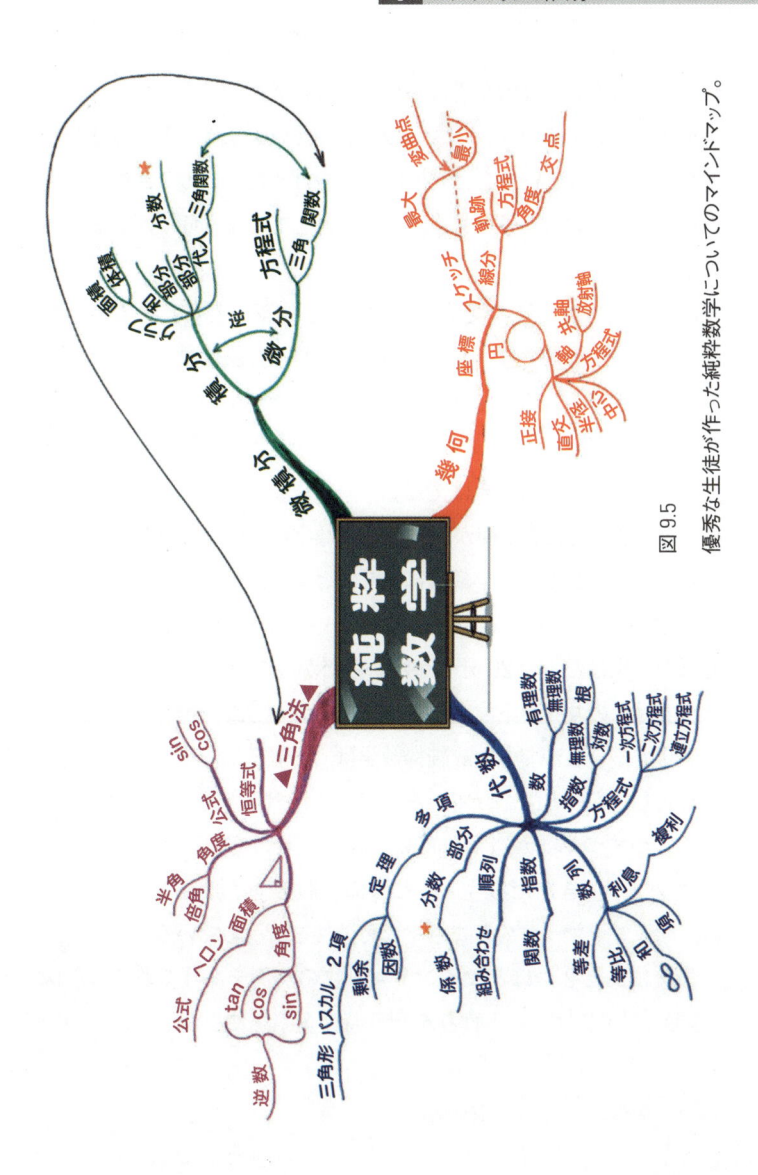

ればなぜこうした評価を受けたかが一目瞭然だ。

英語についてのマインドマップは，彼が10分間で書きあげたものだ。直線的なノートとは対照的なできばえだ。このことは，表現方法の指導を誤ると子どもを誤って評価してしまう危険があることを示している。

図9.4は，GCSE*の経済学の試験に2回落第して，思考と学習に大きな障がいがあり，なおかつこの科目の知識はまったくといっていいほど持ち合わせていないと評価された学生のマインドマップだ。このマインドマップも5分間で書かれたものだが，この評価とはまったく反対のできばえだ。

図9.5は，優秀な生徒が作った純粋数学についてのマインドマップだ。これを数学の大学教授に見せたところ，彼はこれを作ったのは大学生で，完成するのに2日くらいはかかっただろうと見積もった。実はたった20分しかかからなかったのだ。

少女はこのマインドマップによって，この分野の驚くべき創造性を表現することができた。純粋数学は，一般には無味乾燥した退屈で重苦しいものと思われているのに。それぞれの線の上に複数ではなく1つずつ単語が書かれていれば，おそらくもっとよいマインドマップができただろう。ことばに図形をつけ加えていくやり方は，マインドマップのさまざまな可能性を暗示している。

最後にあと2つほどマインドマップの実例をあげておこう。図9.6および9.7はノート作りを行う時の全脳を使った思考法につい

---

*訳注：英国の中等教育修了資格試験。

9 マインドマップの作り方

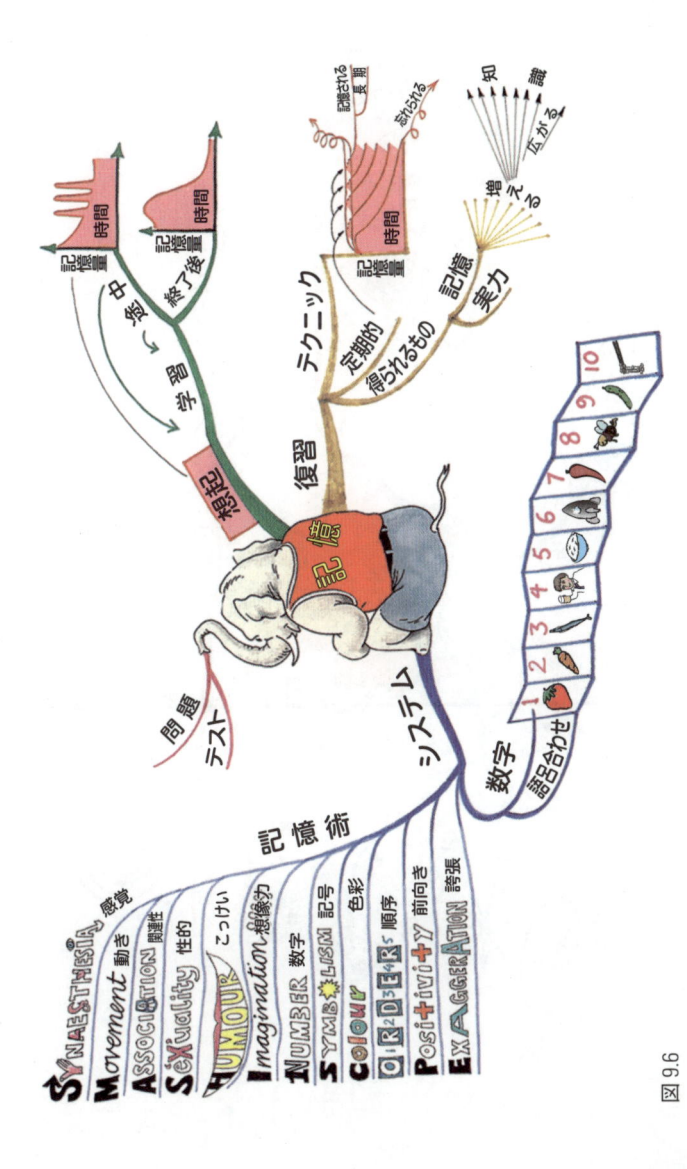

図 9.6
第 4 章と第 5 章のマインドマップ。「共感覚」(または「肉体感覚」) とは「異なる感覚を有機的に連結させた統合感覚」のこと。

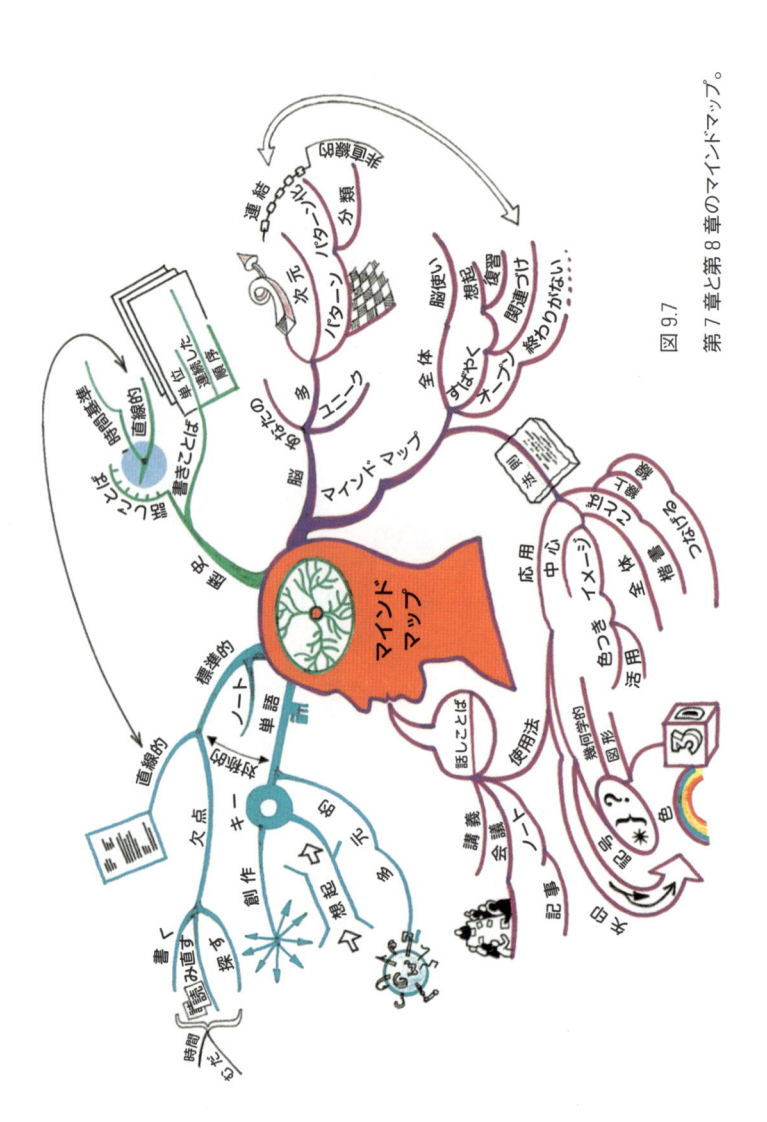

図 9.7　第 7 章と第 8 章のマインドマップ。

てのマインドマップである。また，この本の一部のまとめにもなっている。

これらのマインドマップでは，想起のためのキーワードやイメージが，中央にある主題となるイメージ（この場合は各章のテーマ）のまわりに配置されて相互に結びついている。そして，全体の考えが組み立てられて1つのイメージを作っている。

印象に残るマインドマップを作る

人間の頭脳が放射的に考え，多次元的な性質をもって働くことがわかった。したがって，より「ホログラム」的でより創造的なノートのほうが，伝統的な直線形式のノートよりも理解しやすく，見やすく，思い出しやすいことがわかる。このように，印象に残るマインドマップ形式のノートを取る時やまとめる時に，以下のようなさまざまな工夫が考えられる。

矢印

マインドマップのさまざまな場所に現れた概念がどのように結びついているかを示す。矢印は，1本でも複数の枝分かれを持っていてもよい。また，矢印は両方向に向いていてもよい。

記号

「＊」「！」「×」「？」など，さまざまな記号をことばの横につけて，つながりや「次元」の違いを示すことができる。

幾何学的な図形

正方形，長方形，円，楕円などを用いて，性質が似ていることばや領域をくくることができる。たとえば，問題を解くためのマインドマップで，解答と思われる領域を三角形でくくるといったふうに。図形を重要さの順序を示すのに用いることもできる。

立体的な図形

さまざまな図形に奥行きを与えることができる。たとえば正方形を立方体に変え，そこに書かれた概念がページから浮きあがっているようにみせることができる。

たくさんの色彩

記憶のためにも創作のためにも，色は欠かすことができない。矢印と同じように，マインドマップ上の離れた場所に現れる概念のつながりを示すのに用いることができるし，おもだった領域を区切るのに使ってもよい。

マインドマップの使用法

マインドマップの性質は頭脳の働きと密接に関連しているから，思考，記憶，企画，創作などにかかわるあらゆる活動にマインドマップを用いることができる (図9.8を参照)。実際の活用方法について詳しくは，The Mind Map Book (BBC Active, 2010) および Mind Maps for Business (BBC Active, 2010) をお読みいただくとよい。

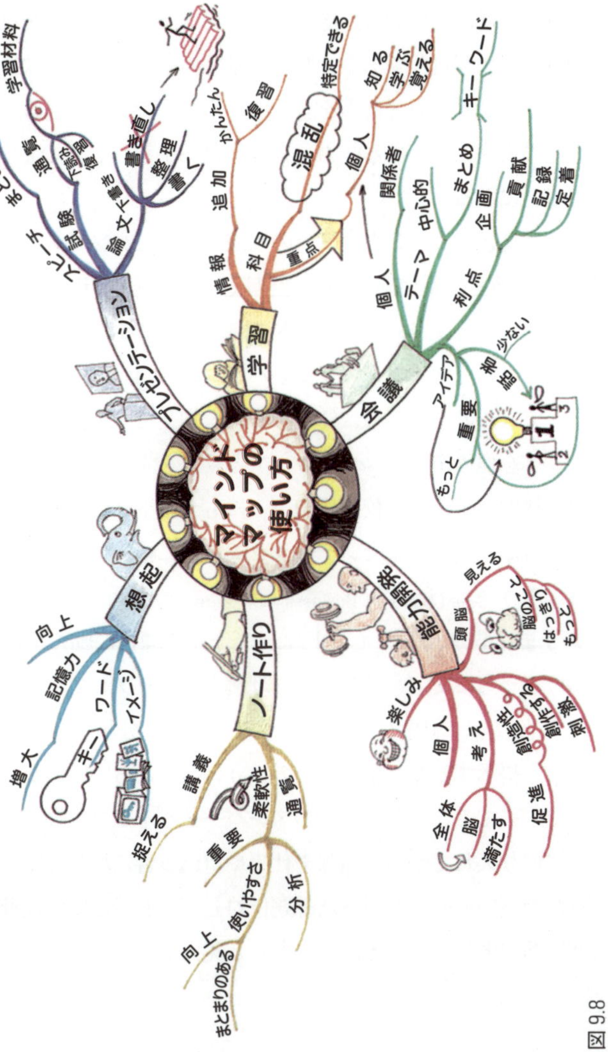

図 9.8　マインドマップの使用法についてのマインドマップ。

マインドマップはいつでも，その瞬間のあなたの思考の複雑な内的関係の外的な「写真」である。脳が「脳そのもの」をよりはっきりとみることができ，思考技術を全般的に高めることができる。また，あなたの人生にさらなる能力，喜び，華やかさ，そして楽しみを与えることになる。

　最近では手描きのマインドマップの手法をまねたパソコン用ソフトウェアが登場し，使い道は事実上無限に広がった。iMindMapと呼ばれ (www.thinkbuzan.com)，基本法則と原理はこの本で述べたものと同じである。マインドマップをパソコンの画面上で有機的に作ることができるのだ。さらに修正や変更を加えたり，作成したマインドマップを他の市販のソフトウェアとリンクすることもできるので，政府機関，企業，学校関係の方々にも会議やプロジェクト管理，企画，戦略立案，プレゼンテーションなどに幅広く利用していただけるだろう (Mind Maps for Business, BBC Active, 2010 参照)。

　記憶をうまく働かせ，マインドマップ作りの練習に励んでほしい。つづけるうちに文字を読む速さも理解力もアップしてくる。また，情報を吸収し，記憶し，思い出し，検索し，分析し，戦略化し，出力し，提示するなど情報をどのように扱ったらいいのか，そして学んだすべてのことを私たちのスーパー・バイオコンピュータである脳に取り入れてから，勉強や仕事や自己改善に活かしていくにはどうしたらいいのかといった課題に対して，もっと広い視野に立った問題解決的アプローチがだんだんと見えてくるようになる。

10 速読で時間を大幅に節約 ―数か月分の時短も夢ではない

速読は，この情報過多の時代に情報を処理するためには必須の技能であり，もっと効率よく学習するためにぜひとも身につけたいものである。

この章を読むと，読書について，これまで信じられていたことのほとんどが間違っていたことがわかる。読書をする時に生じる主な問題点に対処する方法を学び，読解レベルを維持しつつ読む速さを2倍にするテクニックを理解し実践する方法を学ぶ。

読書の問題点

つぎのページの空欄に，読書や学習をする時に生じる問題点についてのマインドマップを作りなさい。自分に厳しく書くこと。問題点をはっきりさせれば，より完全な解決が可能となる。

読書や学習をする時の問題点

教師の間では，ここ20年ばかり，どの学級でもまったく同じ問題が生じていることが注目されてきた。ここに，ごく普通にみられる問題点のリストをあげておこう。読者はこのリストを自分で作ったリストと照らしあわせ，自分にあてはまるものがあったら補っておいてほしい。おそらく，かなりたくさん補うものがあるだろう。

- 視覚
- 速度
- 理解
- 時間
- 読書量
- ノートのとり方
- 記憶の保持
- 恐れ
- 疲労
- 退屈
- 分析
- 系統化
- あともどり
- 想起
- 語彙
- 黙読
- 情報の選別
- 棄却
- 集中力
- 読み終わったところに目がとぶこと

このリストにあげられている問題はとても深刻なものばかりだ。どの問題もそれ1つが原因で，読書や学習を妨げるものになってしまうだろう。この本は，こういった問題の解決を目的としている。この章では主として，視覚，速度，理解，学習環境などを扱っていく。

読む時の物理的な側面の考察にとりかかる前に，まず用語をきちんと定義したいと思う。そしてその定義に照らして，なぜだれもが同じような問題にぶつかるのかを説明していこう。

読むことの本当の意味

読むという行為は，「著者が言わんとすることを著作からくみとること」あるいは「書かれていることばを理解すること」と定義さ

れる場合が多い。しかし，もっと完璧な定義が必要だ。つぎのような定義が可能だろう。読むこととは，人間と記号化された情報の相互関係の総体をいう。一般には学習の視覚的な側面を示し，つぎの7段階を含む（図10.1も参照のこと）。

1 最初の段階は「**認知**」である。学ぶ言語がなんであれ，その言語を認識できなければならない。

2 記号はどうやって入ってくるのだろうか。それは「**統合**」による。読んで字のごとくのようであるが，実はなかなか複雑なのだ。姿勢，健康，全身的な健康状態，そして主に目や脳の働き方に関係がある。目がどのように働くのか，そして実際どんなしくみになっているのかを知らなければならないのに，だれも教えてくれない。「統合」とは情報をどうやって頭のなかに取り込むかということだ。ここに速読のさまざまな様相がかかわってくる。

3 つぎに「**把握**」する必要がでてくる。「内統合」（「内」とは，内なる，自身のなかでという意味）とも呼ばれ，内なる情報のかけらを相互に適切に結びつけることである。

4 把握と「**理解**」は違うものである。情報を把握したら，つぎにその情報を外の世界と統合することができるようになる。これは「外統合」と呼ばれ，書物と外界を結びつけるのだ。これは，第3段階（書物を頭のなかで完全に結びつけること）とはまったく違う。この段階では，書物を，持っている他の知識

分野と関連づける。

5 ここで、その情報を記憶する方法を学ばなければならない。読むことの定義において、記憶はかなり厳密な意味を持つことばである。記憶における2つの主な因子を指す。1つ目は「**保持**」、つまり脳のデータベース、記録保管所あるいは図書館に情報を蓄えることである。

6 2つ目の要因は「**想起**」である。これは図書館からそこに保管されている情報を引き出してくる能力のことである。これは記憶の一区分であるが、ほとんどの人がこれを記憶そのものと混同している。「ぼくはひどい記憶の持ち主だ」などと言う人がいるだろう。本当はすばらしい記憶を持っているのだが、蓄えてあるばかりで引き出すことができないだけなのだ。

7 なぜ思い出す必要があるのか。そもそも、なぜ読書などするのだろう。それは「**コミュニケーション**」をするためだ。人は手に入れた知識を応用したくなる。それについて考え、そこからなにかを創造し、学び、今後一生涯つづく学びの基礎とする。

この定義には、この章のはじめにあるリストにあげた問題の大部分が考慮されている。除外されているのは、環境に対する私たちの反応の影響、時間帯、エネルギーのレベル、関心の有無、動機づけ、年齢や健康状態などの、いわば読む過程に直接かかわらない問題だけだ。

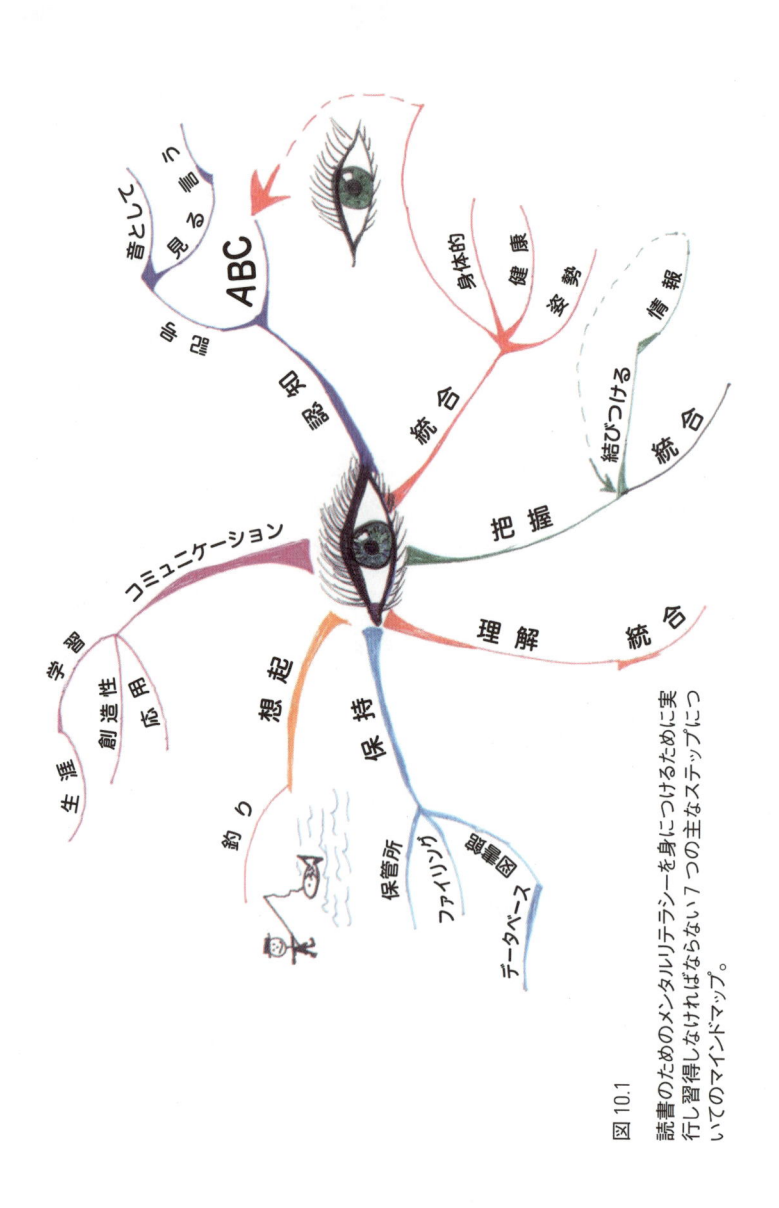

図 10.1
読書のためのメンタルリテラシーを身につけるために実行し習得しなければならない7つの主なステップについてのマインドマップ。

どうして問題が生じるのか

　なぜ，これほど多くの人がみな同じような問題にぶつかるのか。当然このような疑問が生じることだろう。

　私たちが脳についての知識を欠いていたということに加えて，そもそもどのようにして読み方を教わったかを探っていけば，この疑問の答えが得られるはずだ。イギリスでは25歳以上の人のほとんどは，おそらく「音声法」あるいは「アルファベット法」と呼ばれる方法で教わってきただろう。それ以外の人たちのなかには，「視覚・発音法」で教えられた人もいるはずだ。

　最も単純な音声法では，子どもにまずアルファベットを教え込む。つぎに，各文字のさまざまな音を教え，さらに音を組み合わせて音節を作ることを教え，最後に音節を組み合わせて単語を構成することを教える。ここからは，普通は段階別のシリーズになった本が与えられる。これらの本は徐々にむつかしくなっており，子どもが自分なりの速度で進んでいけるようにできている。この過程で「黙読」ができるようになる。

　もうひとつの視覚・発音法は，絵のついたカードを子どもに提示していくものだ。絵のすぐ下には，描かれたものの名前がはっきり印刷されている。絵と名前に子どもたちがなじんだところで，単語だけを残して絵を取り去ってしまう。こうして基礎的な語彙を十分に身につけたら，音声法と同じようにシリーズになった本を用いて学習が進められる。そして，同じように「黙読」ができるようになる。

　これらの方法については簡略に述べるだけにとどめる。この他に

図 10.2

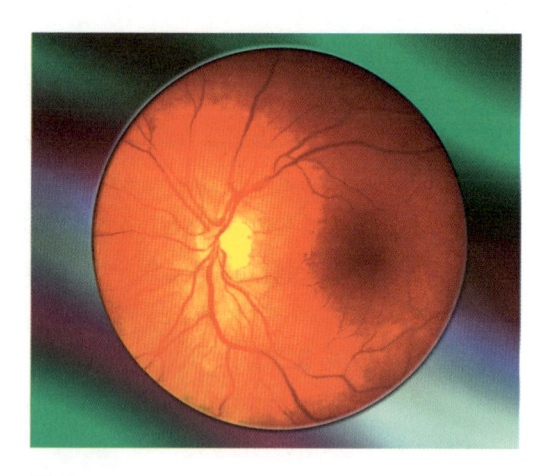

私たちの目。自然の奇跡である。
Source：POD/Jupiter Images. Brand X. Alamy

も，イギリス国内や英語を話す国々では現在，似たような方法が少なくとも 50 種類は用いられている。そして世界中で同じような問題が生じている。

しかしこれらの方法は，単語を完全に理解しながら読むことを教えるうえでは不十分であるという点が重要だ。

先ほどの，読むことの 7 つの段階に照らせば，これらの方法は単に「認知」の段階だけを考慮して考えられたもので，それに「統合」と「把握」がほんの少しつけ加えられているにすぎないことがわかる。読む速度・時間・量，記憶の保持・想起，情報の選別・棄却，ノートの作り方，集中，鑑賞，批判，分析，系統化，動機づ

け，興味，退屈，環境，疲労，字の大きさや字体などの問題には
まったくふれていない。これだって問題の一端にすぎない。

　このように，読むことに関してだれもが同じような問題に直面す
るのにはそれなりの理由があることがわかる。

　「認知」がほとんど問題として取り上げられないというのは注目
に値する。学校で早いうちから認知の方法をきちんと教えているか
ら問題とならないのだ。他のすべての問題は，教育の過程に出てこ
なかったから問題となるのだ。つぎの2章ではこうした読むこと
の問題の大部分について扱う。この章ではこれから目の動き，把
握，読む速度を取りあげる。

目の動きと読書

　ものを読むときの目の動きと速度を人差し指で描こうとすると，
たいていの人はなめらかに左から右へ直線的に指を動かす。そし

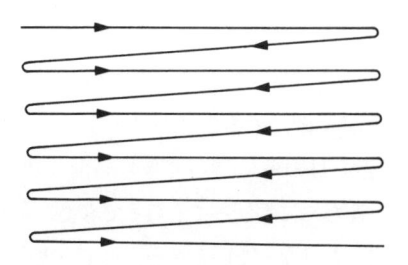

図 10.3

目の動きについてまったく知識のない人が，読書の際の目の動きを想像したもの。各
行を読むのに1秒もかからないと考えている。

て，行の終わりにくるとつぎの行の頭にさっと指を戻す(図10.3参照)。1行をたどるのに0.25秒から1秒の時間をかけるのが普通だ。

これはおもに2つの点で誤っている。

速度

1行に1秒かけて目が動くという遅い数字を採用したとしても，1分間に600から700語の速度で語句を捉えていることになる。実際は，軽いものを読む場合ですら，平均すると毎分200語といったところだ。したがって，目の動きの速度を遅く見積もったとしても，多くの人は実際よりずっと速く語句を捉えていると思いこんでいることがわかる。

動き

もしも目が図10.3のように活字の上をなめらかに動くとしたら，なにも吸収することはできないだろう。はっきりと見るためには，目は対象を静止した状態で捉えなければならない。対象が静止しているなら，それを見るためには目も静止しなくてはならないし，対象が動いているなら，目も対象とともに動かなくてはならない。このことは簡単な実験で確かめることができる。

まず，人差し指を目の前に持ってきて静止させる。自分1人でやってもよいし，友だちに手伝ってもらってもよい。そして，指を見つめている時，目がどうなっているかを調べてみよう。目はじっと静止していることだろう。つぎに，指を上下左右，あるいはぐるりと回し，それを目で追ってみる。最後に，目を静止させたままで指を上

下してまわしてみる。または，両手を同時に見つめながら手を顔の前ですれちがわせてみる（できる人はおそらくいないだろう）。

対象が動いているなら，はっきり見るために目も対象とともに動くのだ。

このような事実を読むという行為にあてはめてみれば，つぎのようなことがわかる。語句をしっかり捉えようとするならば，そしてその語句が静止しているのならば，目は1語ごとにいったん立ち止まってからつぎの語句に進まねばならない。目は，実際には図10.3のように直線的に進んでいくのではなく，静止とすばやい移動を繰り返しながら動いている（図10.4参照）。

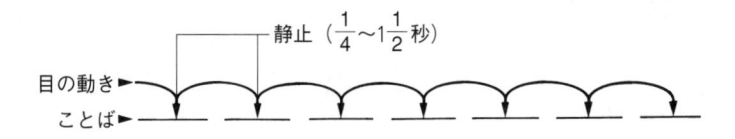

図 10.4

読書の際の目の動き。静止と移動を繰り返している。

移動は非常にすばやく起こる。まったく時間がかからないといってもよいほどだ。しかし，静止は0.25秒から1.5秒ほどかかる。一度に1語ずつしか読みとれず，読み終わったところに繰り返し目をやるような人は，目の動きから単純に計算すれば，どうしても読む速度が遅くなってしまう。毎分100語以下ということもあるだろう。しかもこのような人は，読んだことを十分に理解できず，量をこなすこともできないだろう（図10.5参照）。

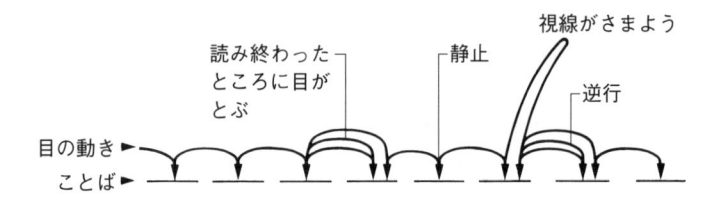

図 10.5

読むのが遅い人に見られるまずい読み方。いっときに1語ずつ読み，無意識のうちに読み終わったところに目をとばし，他に目をやり，意図的に後戻りしている。

読むのが遅いということは一見宿命のようにも思える。しかし，この問題は解決可能だ。しかも解決への道は1つではない。

速度を上げる

さいわい，読むのが遅い人でも読む速度を加速する簡単な方法がいくつもある。

- 読み終わったところに目がとぶのを防ぐことができる。あともどり（何度も同じ語にもどって読み直すこと）の90％は杞憂に基づくもので，理解には役立っていない。残りのどうしても読み直す必要のある10％については，マインドマップの形式でノートをとればよい。また，論理的に推測し，印をつけておいてあとで確認するという方法もある。

- 目を静止させている時間は0.25秒まで短縮できる。あまりに短すぎるのではないかと心配する必要はない。目は100分の1秒の間でも語句を5つぐらいは読みとってしまう。

- 目が静止している時に見える範囲を，一度に3語から5語読みとるくらいまで拡大することができる（図10.6参照）。

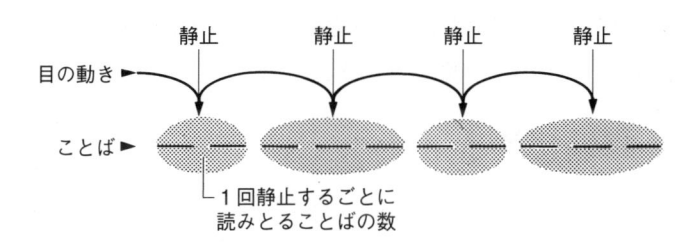

図 10.6

速く効率よく読む人の目の動き。1回静止するたびにたくさんのことばを読みとる。読み終わったところに目をとばしたり，後戻りしたり，他のところに目をやったりすることはない。

頭脳が一度に1語しか処理できないとしたら，この解決方法はまず不可能に思えるだろう。実際には頭脳は，語句のグループを扱うことができる。まとめて扱うほうがあらゆる点で都合がよいのだ。文章を読む時，私たちは1語1語の意味を別々にひろっているわけではない。いくつかの語が集まった句ごとに意味を捉えながら読んでいるのだ。

たとえば　　　　「あの　　　　ネコが　　　　座っているよ　　あっちの　　　　道の　　まんなかで」というのを読むのは，「あのネコが座っているよ。　　　　あっちの道のまんなかで」を読むよりもずっとむつかしい。

読むのが遅い人は，すばやくすらすら読める人に比べてはるかに

多くの精神的な作業をしなければならない。なぜならば，各語句の意味を，そのあとにつづく語句といちいちつなぎあわせていかなくてはならないからだ。先ほどの例では5，6回はつなぎあわせているわけだ。効率よく読む人は意味を成すひとかたまりの部分に注目するから，つなぎあわせるのは1回ですむ。

速く読むことの利点

速く読む人は，ページごとに目を動かす作業が少なくてすむ。読むのが遅い人は，1ページにつき500回は目を静止させてしっかりと焦点をあわせる。ところが速く読む人は，1ページに100回ほど目を静止させるだけだ。かかる時間も短いので筋肉の疲労ははるかに少ない。

速く読むことによってリズムと流れが生じ，そのおかげで容易に意味をくみとることができるのも利点のひとつだ。それに比べて遅く読む人は，止まったり進んだりというぎくしゃくした読み方のために，ずっと退屈しやすく集中力がつづかない。注意が散漫になり，読んでいることの意味がわからなくなってしまうことさえある。

読書についての誤った認識

以上のことから明らかなように，速く読むことはよくないと一般に思われているのは誤った考えだ。

- 「一度に1語ずつ読まなくてはならない。」間違い。語句を読みとる能力はその程度のものではない。しかも，私たちは1語1

語ばらばらに読むのではなく，前後の語句をあわせて意味を読みとっている。

- 「毎分500語以上読むのは不可能だ。」間違い。私たちは一度に6語ほど読みとれるし，1秒間に4回は目を静止させることができるのだから，毎分1,000語は優に読めることになる。

- 「速く読むときちんと理解できない。」間違い。速く読んだほうが意味をよりよく理解できるし，読んでいるものに集中できる。しかも，とくに興味を感じたり重要だと思ったりしたところをふりかえってみる時間が増える。

- 「速く読むほど集中力は落ちる。」間違い。速く読むほどはずみがついて集中できる。

- 「平均的な速度で読むのは自然なことであり，それゆえ最善だ。」間違い。平均的な速度は自然なものではない。平均的な速度は，読む訓練が初期の段階で不完全であったために生じたものにすぎない。また，読む速度に応じて目と脳がどのように働くかについてよくわかっていないためにこのようなことになったのだ。

つぎの章では，読書技術をさらに高めるための練習やテストを紹介する。一番よい練習方法はブザン認定速読コースを利用することだ。

11 驚異的な「超」速読のパワー

　子どもが読み方を習っている時，よく指で読んでいる語句をなぞることがある。大人は長い間これを間違ったことだと思いこみ，子どもたちに指をページから離すように教えてきた。今では，間違っていたのは子どもたちではなく私たち大人のほうであることがはっきりしている。指を離しなさいと命ずるかわりに，その指をもっと速く動かしてごらんと言うべきなのだ。手のせいで目の動きが鈍ることなどまったくない。それどころか，手で補助することによってすらすらとリズミカルに読む習慣が身につくのだから，その付加価値ははかりしれない。

　指で補助した時としない時の目の動きの違いをみてみよう。まず友だちに頼んで，顔の正面に直径30cmほどの大きな円を想像してもらう。そして，その円周上を目でゆっくりと慎重にたどっても

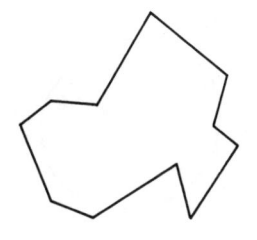

図 11.1

視覚の補助なしに円周を描こうと目を動かした時の目の動きのパターン。

らうのだ。目はきれいな円を描くことはない。むしろ折れ曲がった長方形を描いて移動していく（図11.1参照）。

つづいて、自分の指で空中に円を描く。そして、友だちに円周上をたどっていく指の先を目で追ってもらう。目は指のあとをきちんと追い、図11.2のような円形を描くことがわかるだろう。

この簡単な実験は、目や脳の基本的な働きを知っていれば、読む能力は大きく進歩しうることを示している。長期間の訓練や根気のいる練習などは、たいていの場合は必要がない。今みたとおり、結果はただちに現れる。

視覚を補助するために必ず人差し指を使わなければならないというわけではない。かわりにペンや鉛筆を用いてもよい。自然と能率よく読める人は、このような補助を無意識に用いていることが多い。視覚的な補助を用いると、最初は読む速度が遅くなったように感じるだろう。すでに述べたように、だれもが自分は実際よりずっと速く読めるつもりでいるからだ。しかし実際には、補助をすれば読む速度は確実に速くなっている。

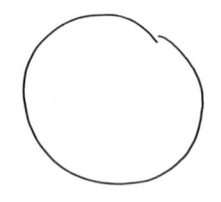

図 11.2

視覚を補助しつつ円を描いた時の目の動きのパターン。

11 驚異的な「超」速読のパワー

練習 13 焦点を拡大する

この練習は視覚を鍛えるために考案された。訓練によって,ページを見た時に「一目で」より多くの語を見てとることができるようになる。

まずは手順を一度通して読んでから試してみるか,他の人に手順を読んでもらいながらやってみてもいい。

1 まず,真っ正面に視線を向けて,できるだけ遠くの1点を見つめる。
2 顔の前で両手の人差し指の先を,地面と水平になるようにくっつけて,鼻の先から10cmくらいのところに持ってくる。
3 遠くの1点を見つめたまま,指の先をこまかく動かしながら,ゆっくりとまっすぐ左右に離していく(腕やひじも動かして,指先と指先の間隔を広げていく。必ず水平を保つこと。)。

図 11.3

指をゆっくりと離していき,視野の範囲を把握する。

4 指が視野から消えて，指先の動きが視界の片隅にも見えなくなったところで止める。

5 友人に頼んで，指と指の間の距離を測ってもらおう（図11.3）。

6 つぎに，もう一度同じことをするのだが，今度は指を縦に合わせて垂直な線を作りなさい。今回も鼻先から10cmくらいのところに指先がくるようにする。

7 先に決めた遠くの1点をしっかりと見つめながら，指先を小刻みに動かして，片方は上へ，片方は下へと離していく。垂直を保ちながら，徐々に視野の上と下から消えるまで動かしていくこと。

8 指を止めて，友人に指と指の間の距離を測ってもらう（図11.3参照）。

他のところに視点を集中させているにもかかわらず，かなりの幅と距離まで見えたことに驚いた方も多いはずだ。なぜこんなことができるのだろう。

その答えは人間の目の独特なつくりにある。私たちの網膜には片目に1億3千万ずつ，両目合わせると2億6千万の視細胞がある。中心の焦点（本を読む時や遠くの1点を見つめる時に使う部分）は，目が持つ光受容能力のわずか20％ほどを占めるだけである。残りの80％は周辺視野に当てられている。

読書をしている間に周辺視野をもっと働かせることができるようになれば，とてつもなく大きい未開発の潜在能力を活用するきっかけになる。「頭脳の目」で見るのだ。目だけでなく「脳全体」でものを読んだり見たりする能力のことを，私は「頭脳の眼」と呼んで

いる。ヨガや瞑想や祈祷の世界で認められている概念であり，Magic Eye™ によって立体画像を「見る」訓練をしている人にもなじみがあるだろう。

練習 14 知覚の高速化

本を1冊用意して，ページごとにできるだけ多くの語を視野に入れるようにしながら，できるだけ速くページをめくってみる。

こういった訓練をすれば，目を静止させるごとにたくさんの語を捉えることができるようになる。これは，通覧や下読みをするための技術にも応用できるだろう。また，速く能率的に読むことに頭脳を慣らすという点でも重要だ。

速い速度で読む習慣をつけることは，たとえて言えば高速道路を運転するようなものだ。時速100kmで1時間走ってきて，突然「制限速度40km」という標識に出くわしたとしよう。その時スピードメーターを隠されて「さあ，時速40kmに落としてみせてくれ」と言われたら，はたしてどの程度の速度まで落とすだろうか。せいぜい時速60kmか70kmといったところだろう (図11.4参照)。

頭脳が高速の状態にすっかり慣れてしまい，それを「当たり前」のように感じるためこのようなことが起こる。以前「当たり前」だった状態は，新しい状態に慣れてしまうとたいがいは忘れられてしまうのだ。読書についてもこれと同じことが言える。高速で読む練習をしたあとでは，気づかないうちに以前の2倍の速度で読んでいることがよくある。

時速40kmと感じる速度まで
減速したときの実際の速度

60〜70 km/時

突然標識で
指示された速度

40 km/時

この速度で
1時間走る

100 km/時

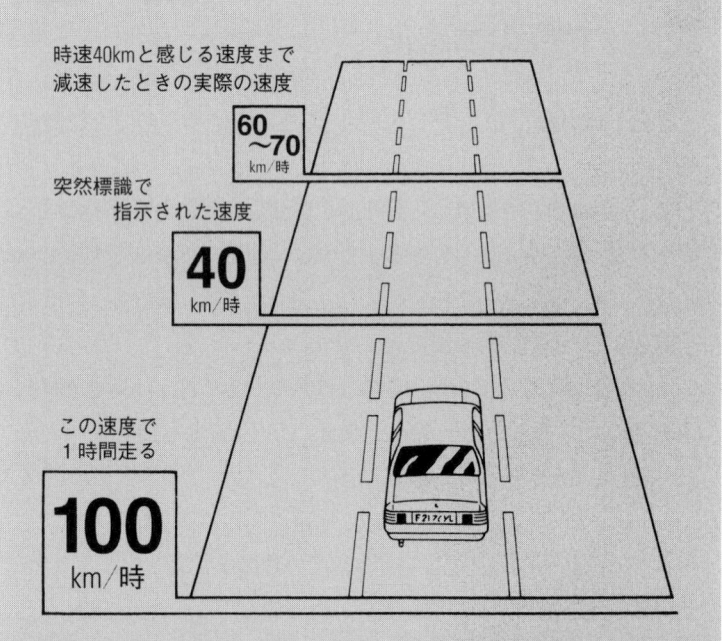

図 11.4

頭脳がスピードと動きに慣れていくようす。このような相対的な「判断の誤り」を逆にうまく利用して，より効率的に学習することを学ぶことができる。

動機づけによる練習

　読書をする時，ほとんどの人はリラックスしてゆったりとしたペースで読むことが当たり前だと考え，速く読もうなどとは思ってもいない。速読教室などでは，この事実をうまく利用している。さまざまな練習問題や課題を与え，1つ問題をやりとげるごとに毎分10語から20語ずつ読む速度が上がっていくと暗示しておく。すると本当にそうなるのだ。訓練中は100％そうなるといってもよい。しかし，練習問題をやったために読む速度が上がったわけではない。訓練の間，動機づけが少しずつ高まってきたために速くなったにすぎないのだ。

　訓練の最初にどんな望みでもかなうと保証しても，同じような成果を上げることができる。普通なら訓練の終わりに到達するような目標を，たちまちのうちに達成してしまうことすらある。ちょうど，運動の苦手な人が牛に追われて100mを猛ダッシュで走ったり，高い塀を飛び越えてしまうようなものだ。このような例では，動機づけが成功の原因になっている。動機づけを学習に意識的に取り入れていけば，非常に大きなプラスになる。もっとうまくやるぞとかたく心に決めれば，成果もおのずと向上するわけだ。

環境の影響

　どれくらい集中でき，どれくらい上達するかは，身体の姿勢と仕事や勉強をする環境に左右されることは言うまでもない。もちろん記憶力を高める訓練やマインドマップ作り，速読をする時も同じで

ある。

　気持ちが乗らない時や身体の具合が悪い時，机の上がごちゃごちゃと散らかっている時は，学習ははかどらない。反対に，居心地のいい場所で満たされた気持ちで取り組めば，読んだものに対して前向きに反応し，新たな情報も理解できる。学習環境をできるかぎり快適にしておくというのは理にかなっているのだ。

照明の置き方と光量

　できるかぎり自然の日の光の下で仕事や学習をするのがよい。最近の研究から，日光を浴びることで脳から「気分がよくなる」ホルモンが多く分泌されることがわかってきた。だから，机は窓のそばに置くほうがよい。照明器具を使う場合には，光が利き手と反対の肩越しからくるようにする。読んでいるものをきちんと照らすだけの明るさはほしいが，部屋全体の明るさと比べて明暗ができるほどは強くないほうがいい。デスクトップやラップトップのパソコンを使っている場合は，画面の後ろからでなく前から光が当たるようにする。

目と読むものとの距離

　目にとっては，読むものから50cm程度離れているのがもっとも自然だ。この距離であれば，たくさんの語をまとめて見ることができるし，目が疲れにくく頭痛も起こりづらい。

姿勢

　両足の裏を床にぴったりとつけ，背中をまっすぐに伸ばし，腰をわずかに丸めるように上体を支える姿勢が理想だ。背中をのばしすぎたり，猫背になっていたりすると，疲れやすく背中も痛くなる。本は真っ平らよりも少しだけ起こした角度になるように，手に持つか，なにかに載せるとよい。

　正しい姿勢で座ると，学習面においてもいくつかの生理学的効果がある。

- 気道，静脈，動脈はいずれも妨げられず正しく機能できるので，脳に最大限の酸素と血液が流れ込む。

- 背骨に沿って上がっていくエネルギーの流れがよくなり，脳のパワーが最大限に発揮できる。

- 身体にすきがないことで，脳はなにか大事なことが起きているのだと認識する（反対にだらりと座っていると，脳に「寝る時間だよ」という信号を送っているのだ）。

- 目が，中心視野と周辺視野の両方をフルに働かせることができる。

練習 15 自分の読む速度を計ろう

自分の読む速度（語／分）はつぎのように計算する。

1. 1分間読む。開始点と終了点を記録する。
2. 3行の語数を数える。
3. その数を3で割って，1行の平均語数を計算する。
4. 全部で何行読んだか数える（短い行は適宜調整する）。
5. 1行の平均語数に読んだ行数をかけたものが，1分間で読む速度（語／分）になる。

読む速度（語／分）を求める公式：

$$速度（語／分） = \frac{読んだページ数 \times 平均的なページ当たりの語数}{読むのにかかった時間（分）}$$

読む速さの上達を記録したい読者は，下のグラフを使うとよい。

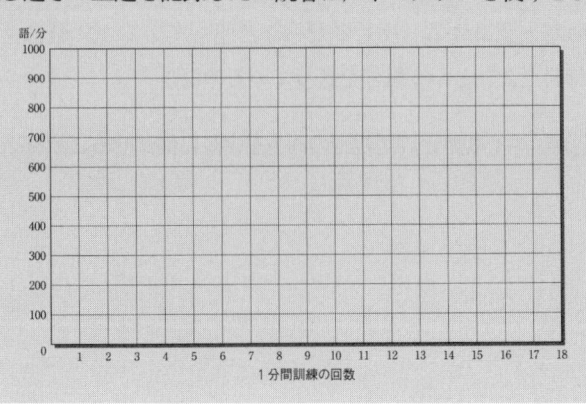

語/分
1000
900
800
700
600
500
400
300
200
100
0
　　1　2　3　4　5　6　7　8　9　10　11　12　13　14　15　16　17　18
1分間訓練の回数

メトロノームを用いた訓練

メトロノームは普通は音楽でリズムをとるために使うものだが、読み方や速読の練習にも非常に役に立つ。

メトロノームを適当な速度に設定して、ひと打ちごとに目を動かしていけばよい。これによって、安定したなめらかなリズムを維持することができる。また、時間がたつにつれて読む速度が低下するのも防ぐことができる。一番調子のよいリズムを見つけたら、あとは適宜1分につきひと打ちをつけ加えて、少しずつ読む速度を上げていけばよい。

非常に速く知覚する練習にもメトロノームを利用することができる。比較的遅い速度からはじめて異常なくらい速い速度まで加速していき、ひと打ちごとに1ページを「見る」という練習をする。

ここで学んだ目の動き、視覚の補助、高度な読書技術などについての知識は、それぞれの状況に応じて利用されるべきものだ (とくに速読法や範囲設定読書術を完全に身につけたい読者は、著者自身の手になる The Speed Reading Book (BBC Active, 2010) を読まれたい)。ここで述べた技術やアドバイスを他の章の技術や知識とあわせれば、より有効なものとなるだろう。

つぎの章では、学習のための予習と応用に役立つブザン有機的学習法 BOST の、簡単にできる8つのポイントについて説明する。「予習」のおもな段階とは、ひろい読み、時間の管理、記憶の確認、問題提起と目標の設定である。また「応用」は、通覧、下読み、精読、復習といった段階にわけられる。

12 あなたの勉強法が変わる ブザン有機的学習法BOST

　この章で解説するブザン有機的学習法 BOST は，きちんとした学習習慣を身につけ，学習の際によく見られる恐怖心やストレスや心配事を克服するための技術である。この学習法は，ビジネスからバイオテクノロジーからバビロニアの歴史まで，ありとあらゆる科目やテーマに活用できる。

　多くの人が受験や試験，査定，作文や論文を書くこと，授業課題に対して至極もっともな恐怖心を抱いている。まずはこれを克服しなければならない。

　学習や復習に苦労した経験はだれにでもあるだろう。学習がうまくいかないおもな原因として，「勉強嫌い」，「効果的な学習を妨げる精神的圧迫」，「時代遅れな学習法」といった問題があげられる。

勉強嫌い

　夕方6時。真夜中まで頑張ろうとやる気満々の人がいる（男かもしれないし女かもしれない）。こういう気持ちはだれでも経験したことがあるだろう。

　午後6時，いよいよ机に向かう。これからはじめる勉強のために注意深く準備を整える。机の上に必要なものを配置し，すべてそろっているか，置き場が適当かを点検する。この間に，まずやるべきことをやらないための最初の言い訳を考えている。今朝，おもし

ろそうな新聞記事も，メールもオンラインのブログも読む暇がなかったことを思い出すのだ。たいへんな調べ学習をはじめる前に，まずこれをかたづけてしまおう。それがいい。当然ながら，そこで当初予定していたよりも時間がかかってしまった。今朝新聞にざっと目を通した時に，関心のある内容があったのにじっくり読む暇がなかったからだ。でも，学習にじっくり取り組むためには，こうした些細なことはきれいさっぱりかたづけておくのが一番だ，と自分を正当化する。

そこで机を離れて新聞にざっと目を通してみると，本当に思ったよりもたくさんおもしろそうな記事があることに気づく。ページをめくっていくと，娯楽欄にも目がいく。そこで，今夜の休憩時間の予定を立てておこうという気になる。8時から8時半までおもしろい番組があるはずだから，この時間に休むことにしようと思いたつ。

番組欄を見ると，その番組が7時から始まることがわかる。そこでこう考える。「そうだ。今日はとても疲れたし，もうすぐ番組が始まる。とにかく休んでおかなければ。リラックスすれば勉強もはかどるだろう……。」机に戻った時には7時45分になっている。つぎの番組のオープニングも，思っていたよりおもしろかったのだ。

心を落ち着かせようと本をコンコンたたき，机の上のあちこちに目をやる。2人の友人たちに電話とメールをしなくては，と思いつく。新聞記事と同じように，むつかしい勉強をはじめる前に気にかかることをかたづけておこうと思う。

もちろん電話は思っていたよりもおもしろく，メールも何度かやりとりをしていたら予想外に長くなってしまった。しかし果敢に

も，8時30分ごろには机に戻ってきた。

　ようやく机の前に座り，やる気をみなぎらせながら本を開いて読みはじめる（普通は1ページ目から読む）。ここではじめて空腹とのどの渇きを感じる。これはつらい。放っておくとますますつらくなって集中できなくなるのは確実だ。

　軽く食事をする以外に解決の道はない。食事の用意をしていると，空腹感のせいでおいしそうなごちそうが次々と思い浮かんでくっついていく。こうして，軽食のつもりがたいそうなごちそうになってしまう。

　この最後の障がいを乗り越えて机に戻ってきた時には，もう勉強をじゃまするものはなにもないと確信している。ふたたび1ページ目の最初の2行ぐらいを読むと，胃が重たくなり眠気がおそいはじめる。もう1つのおもしろい30分番組が10時から始まる。これを見るのが一番よい解決策だ。食べたものが完全にこなれるから，今度こそ勉強にとりかかれるだろう。

　12時になった。この人はテレビの前で眠りこけている。

　この時だれかに起こされたとしても，この人はまずいことをしたとはちっとも思わないだろう。心地よい休息をとり，おいしい食事を食べ，おもしろくてリラックスできるテレビも見た。友だちとのつき合いも果たしたし，新聞から今日の出来事も知った。もう，やり残したことはない。明日の夕方6時にはきっと……。

　この小さなエピソードからわかることは，情報が人間個人よりも重要であるとされ，もてはやされていることだ。その結果，この人物は精神的にも泥沼にはまっていて，ことばどおりほとんど「押し

つぶされて」いる (図12.1参照)。今日，情報と出版物は相変わらず爆発的な速度で増えつづける一方，それを扱って学習する人間の能力についてはおろそかになっている。彼がこのような状況を打破するには，「動かぬ事実」をたくさん学ぶのではなく，情報を扱い学習する新たな方法を学ぶしかない。つまり，学習，思考，想起，創作，そして問題解決のために生まれ持っている能力の新しい使い方を学ぶのだ。

効果的な学習を妨げる精神的圧迫

これは人ごとではない，笑い話のようなエピソードだが，そこには重大な問題が含まれている。

図 12.1

この情報爆発時代において，学習に取り組むことがこわいというのは，純粋に論理的に考えてもいたって合理的な訴えである。

一面では，この話は心強いものだ。だれでもこの例のような経験をしたことがあるという事実は，すべての人は創造的で独創性に富むこと，したがって自分は創造的ではないのではないかと思い悩む必要のないことを改めて確信させてくれるものなのだ。この勉強嫌いの人の例では，せっかくの創造性も有効には使われていない。私たちは，怠けるためにこれほど多様で独創的な言い訳を思いつくことができる。すべての人はこれほど豊かな才能を持っているのだから，これをもっと積極的な面に活用することができるはずだ。

　別の一面を捉えれば，この話にはがっかりさせられる。私たちが学習に向かう時に経験する根強い恐れを示す例でもあるからだ。

　このためらいと恐れは，試験を基礎とした教育制度から生じる。学校では，生徒は自分が「教わる」科目の教科書を渡される。生徒は，教科書は物語や小説よりも「むつかしい」こと，教科書はたくさんの勉強を意味すること，教科書に書いてあることについてテストされることを知っている。その結果，

- 教科書が「むつかしい」ということだけでもやる気はそがれてしまう。

- 教科書が勉強を意味することも同様だ。生徒は，自分が読むことも，ノートを作ることも，記憶することも正しくできないことを本能的に「悟っている」からだ。

- テストを受けなければならないということは，この3つのなかで最も深刻な問題だ。

テストを恐れるあまりに，問題を解こうとする脳の働きが混乱してしまうのはよく知られた事実だ。内容は完璧に理解しているはずなのに，テストになったとたんなにも書けないという例がよくある。また，なんとか答えを書くには書いたものの，精神的圧迫が大きいために，テストを受けている途中でなにもかもすっかり忘れてしまうことも多い。極端な場合には，2時間にわたって猛烈に書いているのできっと答えを書いているのだと思うと，実は自分の名前とか，たった1つのことばを繰り返し書いているだけだという例もある。

　このような本当の脅威に直面すると，生徒は2つの道のうちどちらかを選ぶ。とにかく勉強してその結果を受け入れるか，勉強しないで別の結果を招くかのどちらかだ。勉強してもその結果がよくないと，自分は「能力がない」「知性がない」「バカだ」「ニブい」など，その時々にあてはまる否定的な評価を自ら「証明する」。もちろんこれは正しくない。「制度」のほうが生徒を適切にテストできないのであって，生徒が学習に向いていないために「失敗」しているのではないのだ。

　勉強しない場合には状況はまったく異なる。試験や受験に失敗するとすぐに，「勉強しなかったのだから失敗したのは当たり前だ。いずれにせよ，こういった勉強にはまったく興味がなかった」などと言うものだ。

　このように，生徒はさまざまな方法を用いて問題に直面しないようにつとめる。

● テスト自体をさぼり，勉強した結果自尊心が傷ついてしまうの

を避けようとする。
- 失敗した時のために完璧な言い訳を用意する。
- 生徒たち全員をおびやかしている制度に大胆にも挑戦したということで，他の生徒の信頼を得る。

このような生徒がリーダー的存在になっていることもめずらしくないのだ。

勉強しようと決心した生徒にも，勉強を放棄した生徒と同じような傾向が部分的にせよみられる。80点や90点をとる生徒も，100点をとれなかったことについて，勉強しない生徒の言い訳とまったく同じ理屈を持ち出すのだ。

時代遅れな学習法

このような状況は，だれにとっても望ましいものではない。勉強の結果が思わしくないことには，もう1つ重要な原因がある。これまでの学習法と学習の内容が問題なのだ。

私たちは，大量の科目や「学術分野」を学ぶことが要求されている。驚くほどの量の教材を学び，記憶し，理解することが期待されているのだ。数学，物理学，化学，生物学，動物学，植物学，解剖学，生理学，社会学，心理学，人類学，哲学，歴史，地理，英語，メディア研究，音楽技術，古生物学などといった名のもとに，学ぶべきことが山積みされている（図12.2参照）。これらを学ぶ時には，年号，理論，事実，名称，一般的概念などがつぎからつぎへと与えられるのが普通だ。

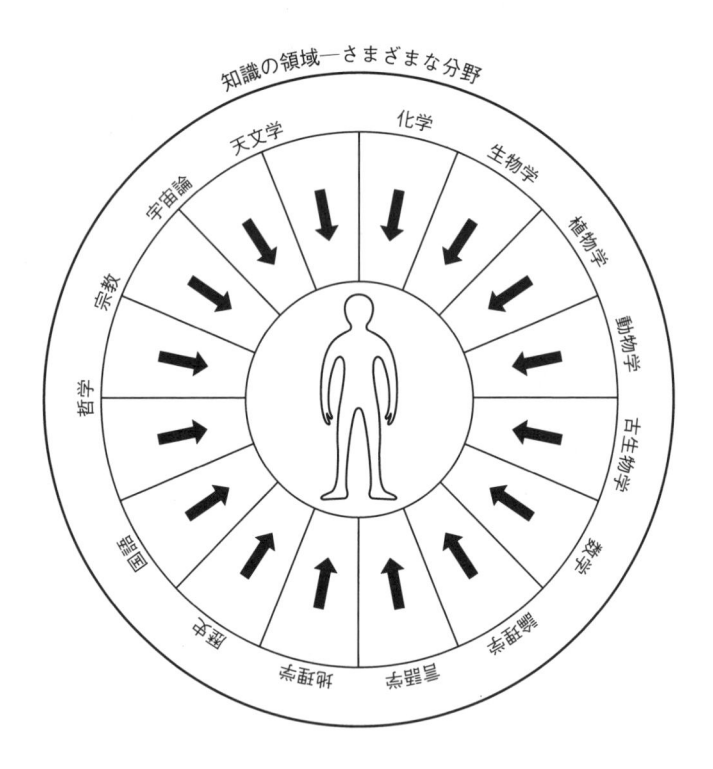

図 12.2

これまでの教育では，情報は個人を取り巻く別々の分野の知識としてばらばらに教えられてきた。情報は，これらの分野から個人へと流れていた。学ぶ側は単に知識を与えられ，できるだけ吸収し，学び，記憶するように期待されてきた。

つまり，学習した情報を整理し，それまでの知識と結びつけるためにまったくふさわしくない方法を用いているのだ。私たちは知識の「個々の」領域に関する情報にあまりにも注意を向けすぎている。また，標準テストとか形式の整った論文といった，未熟でまとまりのない順序や形式で学習の結果をフィードバックさせることに重点を置きすぎている。

　このようなやり方は，高等学校，大学，さらに高度な教育機関，教科書や補助教材などが推奨している標準的な学習法にも反映されている。この方法は，教科書を定められた順序で一歩一歩読み進んでいくことを奨励している。そして，ある程度むつかしい本を完全に理解するには必ず3回は読む必要があることなどがよくいわれている。これはごく単純な例だが，もっと改良された方法にしてもかなり格式ばっており，柔軟性に欠ける。なにを学ぶにせよ，同じ標準的なやり方を繰り返せというのだ。

　このような方法をすべての教科書にあてはめようとしても，うまくいかないのは明らかだ。文芸批評のテキストを学ぶのと高等数学を学ぶのとでは大きな違いがある。正確に学ぶためには，対象に応じてやり方を変えることができるような技術が必要なのだ。

　まず，学ぼうとする人を中心において，そこから外的な環境を考慮していく必要がある。書物や公式や試験でせめたてるのではなく，はじめにどうしたらもっとも効果的に学習できるかを教えることに集中すべきだ。読む時に目はどのように動いているのか，どうやって記憶し考えているのか，もっと効果的に学ぶにはどうしたらよいか，ノートはどのようにまとめたらいいか，問題を解くにはど

うしたらよいか，さらにはどんな課題でも自分の能力を最大限に発揮するにはどうしたらよいかということを学ぶ必要があるのだ（図

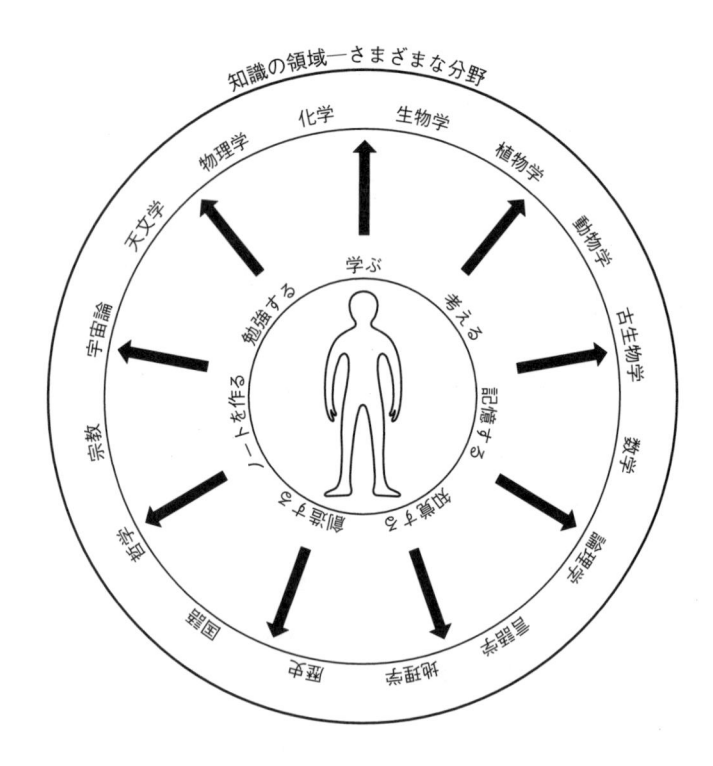

図 12.3

新しい教育法では，これまでのものとはまったく逆の発想をとる。最初にさまざまな知識を教え込むのではなく，まず自分自身についての事実——どのようにして学習し，考え，記憶し，創造し，問題を解決するかなどを教えるのだ。

12.3 参照)。

　ここで概説した問題の多くは，科目と知識に重きを置くことをやめれば解決できる。これにかわって，学習者自体に重点を移し，自分で学びたい知識を選択し理解するしくみにすればよいのだ。人間は興味を持つもの，必要だと思うものならどんな分野の知識でも学習し，記憶することができる。知識は，教えられるものでも「つめこまれる」ものでもない。自分のペースで学び，必要だと思った時だけ助力や教えを求めればよいのだ。このようなやり方にはもう1つの利点がある。教えることも学ぶことも，もっと容易で楽しい，充実したものになるのだ。個人とそれぞれの能力に注目することによって，ようやく学習のための条件を適切に整えることができるようになるだろう。そこで登場するのがブザン有機的学習法BOSTである。

ブザン有機的学習法 BOST

　ブザン有機的学習法BOSTでは，特定の科目を学習するまえに，学習法を学ぶ必要があるということを前提としている。

　ブザン有機的学習法BOSTは大きく2つの段階に分けられる。

1　「準備。」これは，ひろい読み，時間と量，5分間メモ，問題提起と目標設定に細分される。

2　「応用。」これは，通覧，下読み，精読，復習という4戦略に分けられる。

ここでは主な段階が一定の順序で出てくるが，この順序が大事なのではなく，学習や準備の内容に応じて，変えたり省略したりつけ加えたりしていいのだ。ブザン有機的学習法 BOST のプログラムを使って最大の効果を得るためには，第5章の記憶のマインドマップに関する部分と，第9章，10章の速読についての部分をもう一度読み直してもらいたい。

準備

　BOST の第1部には，以下のステップがある。

- ひろい読み
- 時間と量
- 5分間メモ
- 問題提起と目標の設定

ひろい読み

　なによりもまず，必ず「ひろい読み」をすることが重要だ。学ぼうとしている教科書なり論文なり講義のノートなり，ともかく全体にざっと目を通すのだ。

　書店で買おうかどうか迷いながら，あるいは図書館で借りようかどうか考えながら本にざっと目を通すのと同じやり方でよい。気張らずにすばやくページをめくって，本全体の「感じ」をつかむのだ。構成，難易度，図表やイラストなどの割合，結果やまとめ，結論が書かれているところなどがわかればよい。

時間と量

　この2つはまとめて扱うことにする。両方とも同じ理論に基づいているからだ。

　教科書を学ぼうとする時には，まずその学習にどれだけの時間をかけるかを決める必要がある。つぎに，その間にどれくらいの量を進むかを決める。

　単なる思いつきでこの2つの段階を強調しているわけではない。ゲシュタルト心理学によっても支持されているのだ（「ゲシュタルト」とは「全体性」という意味である）。練習16をやって，このことを確かめてほしい。

　ゲシュタルト心理学は，人間の脳が事物を完成させようという強い傾向を持つことを明らかにした。だから，ほとんどの人が練習16のさまざまな図表を，直線，円柱，正方形，楕円，ジグザグ線，円，三角形，波線または曲線，長方形などとして知覚するのだ。実際にはこの「円」は円ではなく「欠けた円」なのだが，多くの人はこの欠けた円を円としてみる。それ以外の人は欠けた円としてみるのだが，きっと描いた人は円を描くつもりだったのだろうと推測する。

練習 16 図形の認識

それぞれの図形の名称を書き入れなさい。

1 _____

2 _____   3 _____

4 _____   5 _____

6 _____   7 _____

8 _____   9 _____

学習においては，時間と量をあらかじめ決めて把握することで，完成させたいことをきちんと見据え，終点または目標も定められる。また，脱線を避け，正しい道すじに集中するための助けにもなる。

このことは，講義を聞く時によくわかる。優れた講師の多くは，むつかしいテーマについて述べようとする時には，いつも話の出発点と終点を明らかにする。さらに，個々の話題にどれだけの時間を使うつもりかもあらかじめ述べておく。聞いている人は学習の目安がはっきりしているため，ずっと容易に話についていくことができる。

読もうとする部分のはじめと終わりに大きめの紙をはさんで，読まなければならない量を目に見える形ではっきりさせるとよいだろう。その範囲のなかで，読んだところを自由にふりかえったり先の部分を参照したりすることができる。

はじめに時間と量を決めることには，未知のことに対する不安を取り除くという利点もある。もし分厚い書物になんの計画もなしにとりかかってしまうと，読みきってしまわなければならないページ数にいつも圧倒されることになる。読みはじめるたびに「あとなん100ページもある」などと考えるため，つねに恐れを抱きながら勉強していくことになるのだ。一方，学習時間に合わせて適切な量を読むように決めるようにすれば，これから学ぶ量はやさしく確実にこなせるとわかっているので楽に進んでいける。こうして，心理的にも，また実際の成果にも決定的な差が生じる。

5分間メモ

学習する量を決めたら，つぎに，学習しようとする課題について

すでに知っていることを，できるだけたくさん，できるだけ速く書きとめる。ミニマインドマップの形式でメモを作ること。これに5分以上を費やしてはならない。この作業の目的は以下のとおりである。

- 集中力を高める
- 迷いをなくす
- 適切な「心がまえ」を作る

　適切な心がまえとは，頭脳を不必要な知識ではなく必要な知識で満たす用意をすることだ。この5分間に記憶のなかから課題に関連した知識を選び出せば，テキストにずっとうまく同調することになる。学習を終えたら食べようと考えているイチゴやアイスクリームなどについて考えることは少なくなる。

　この作業に5分間の時間制限があることからも明らかなように，持っている知識をすべて出し切る必要はないのだ。5分間の作業は，純粋に記憶力の働きを作動させて頭脳を正しい方向へ向けるためのものだ。

　学習の課題についてなんも知らない場合や，多くのことを知っている場合はどうしたらいいか，という疑問が生じることだろう。

　多くのことを知っている場合には，与えられた5分間で学習の課題に関連した主な領域，理論，名称などを思い出してみるべきだ。頭脳は書くよりも速く次々と知識を選び出してくるから，ノートには書かれない細かな事柄も実際には頭のなかに浮かんでいる。こうして適切な心がまえと方向づけがなされるのだ。

　学習する課題についてほとんど知識がない場合には，知っている

わずかな知識ととにかく関連があると思われる知識すべてを、どんな些細なことでもいいから5分間の間に思い出してみる。こうすることによって新しい課題に可能なかぎり近づくことができるし、多くの人が出くわす、まったくわからないという感情を抱かなくてもすむ。

5分間メモを作ることにはさまざまな利点がある。まず、現在持っているあらゆる知識を特定の課題に集約することができる。これによって、自分自身の最新の知識を利用することができるし、「自分になにがわかっているか」もしっかりとつかんでおくことができる。これは、自分でもなにを知っているかがわからないという、いつもとまどっているような状況とは大きな違いがある。「ええと、ええと、なんだっけ？」といった症状はなくなるはずだ。

問題提起と目標の設定

学習の課題についての自分の知識の状態をはっきりさせたら、つぎに、なにを知りたいのかを決めることが大切だ。読んでいる間に、解答を見つけるべき問題を明らかにしておくのだ。問題は学習目標に沿ったものでなければならない。数種類のカラーペンを使うとわかりやすい。また、現在の知識についてのメモとして作ったマインドマップに問題を書き足すとよい。

この作業も、知っていることのノート作りの時と同じように、適切な心がまえを作るためのものだ。これも最初の作業は5分間を超えてはならない。本を読み進むうちに、問題を修正したりつけ加えたりしていけばよい。

問題提起と目標の設定

　この方法が有効かどうかを確かめるために，年齢，教育程度，能力がほぼ同じ人々を2つのグループに分けて実験をやってみる。まず，2つのグループに同じテキストを与える。テキストをすべて読み終えるために十分な時間も与えられる。

　Aグループには，テキストに書いてあるあらゆることについてもれなくテストをするから，そのつもりで勉強しなさいと言っておく。

　Bグループには，テキストを貫く主要なテーマのいくつかについてテストをするから，そのつもりで勉強しなさいと言っておく。

　実は，どちらのグループでもテストの問題はテキスト全体から出題される。だから，主要テーマに関してだけテストすると言われたBグループは不利なように思える。

　またこのような状況では，Bグループは与えられたテーマについての問題では優れており，Aグループはその他の問題では優れていて，結局は同じような点をとるとも考えられる。ところが驚くべきことに，Bグループは与えられたテーマに関するものだけでなく，その他の問題にも高い得点を上げたため，総合点でもAグループを上回ったのだ。

　このような結果は，主要なテーマが引っかけかぎのように作用して，あらゆる知識を結びつけているために生じる。言い換えれば，主要なテーマに関する疑問と目標が，概念を連想し結びつけるための中心として働くため，これに他の知識が容易に結びついていくのだ。

　あらゆる事柄についてテストすると言われたグループでは，新し

> い知識を結びつける中心がなかったため，知識をひっかけるための基礎がない状態だったのだ。これは，たくさんの選択肢を与えられたため結局決心がつかないという状況によく似ている。いわゆる「二兎を追うもの一兎も得ず」ということだ。

背後に隠れている理論を理解していくにつれ，問題を提起し目標を立てることの重要性がますますはっきりすることだろう。これは，準備の段階全体についても同様だ。正確に問題を提起し目標を立てるようになれば，それだけブザン有機的学習法 BOST のつぎの応用段階もうまくいくことを強調したい。

応用

この第 2 部は，以下の段階に分けられる。

- 通覧（一通り目を通すこと）
- 下読み
- 精読
- 復習

通覧

新しい教科書やテキストを手に入れると，たいていの人は 1 ページ目から読みはじめるという興味深い事実がある。これは得策ではない。なぜだかわかるだろうか。

例えば，自分が熱狂的なジグソーパズルのファンだと仮定しよ

う。友だちが、ひもをかけた大きな紙包みをかかえてやってきて、プレゼントがあると言う。「人間が発明したなかでもっとも美しく複雑なジグソーパズル」なのだそうだ。礼を言って友だちを玄関から見送りながら、今から他のことはいっさいやめてこのジグソーパズルを完成させようと心に決めたとする。

　先を読む前に、ここで左の余白に、この決心した瞬間からパズルを完成するまでの段階を、順序を追って詳しく書いてみよう。

　さて、できたものを次のリストと比べてみてほしい。このリストは、私の生徒の1人が作ったものだ。

1　家のなかに戻る
2　ひもを解く

3 　紙をはがす
4 　ひもと紙をかたづける
5 　箱に書いてある絵を見る
6 　ピースの数やパズルの大きさに気をつけて注意書きを読む
7 　できあがるまでの時間を見積もる
8 　食事と休憩を計画する
9 　パズルをやるのに適当な場所を見つける
10 　箱を開ける
11 　箱の中身を出す
12 　念のため，ピースの数をチェックする
13 　ピースを全部表向きにする
14 　縁や隅に入るピースを見つける
15 　色別にいくつかの領域を分ける
16 　明らかに合いそうなものどうしを合わせる
17 　空いている場所を埋めていく
18 　「むつかしい」ピースはあとにまわす（全体像がはっきりして，使われたピースの数が増えてくれば，残ったピースの入りそうな箇所がよくわかるようになる。その結果，むつかしいピースを簡単に合わせられる可能性が高くなる）
19 　完成までつづけていく
20 　完成だ，お祝いしよう！

　このジグソーパズルの例は，そのまま学習にあてはめることができる。1ページ目からはじめるのは，たとえばパズルの左下の隅に

入るものを見つけ，この隅からだけ1個ずつ埋めていってパズルを完成させてやるぞと言っているようなものだ。

テキストやノートを読む時に合理的に取り組むためには，最初からコツコツやらずに，まず全体の内容を大まかにつかむのが大切だ。とくに，むつかしいものほど効果的なのだ。

ブザン有機的学習法BOSTの通覧の段階は，この目的のために設けられている。この段階はパズルの例では，完成したところの絵をながめたり，注意書きを読んだり，縁や隅にくるピースを探したりするのにあたる。学習の場合には，テキストの本文以外の部分を，視覚の補助を用いて大まかにつかむのだ。

通覧する際には，本のなかでつぎのような箇所に着目する。

- 結果
- まとめ
- 結論
- 引用文
- 用語解説
- 背表紙

- 表
- 目次
- 傍注
- イラスト
- 大きな文字
- 写真

- 小見出し
- 日付
- 斜体文字
- グラフ
- 脚注
- 統計

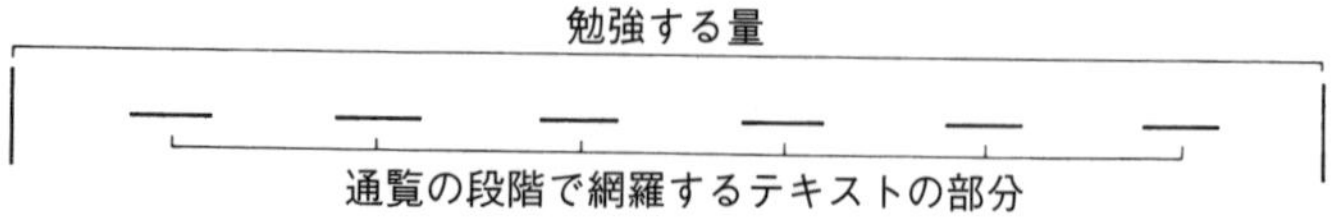

図 12.4

通覧の段階で網羅するテキストの部分（ここで速読がおおいに役立つ—第10章参照）。

この作業によって，本のなかのおもに図表の部分がよく頭に入る。必ず全体にさっと目を通して，総合的にやるべき範囲をつかもうというのだ (図12.4参照)。

　この作業を行う時に，ペンや鉛筆などで視覚を補助することがきわめて大切だ。たとえばグラフを見る場合を考えれば，この理由がよくわかる (図12.5参照)。視覚の補助を用いずに目だけを動かしていると，目はグラフの全体を短い間ながめただけでグラフから離れてしまう。結局は大まかな形しか視覚による記憶に残らない。目がグラフと同じ形を「登録」していないために，記憶に障がいが残るわけだ (図12.6参照)。

　もし視覚の補助があれば，目はずっと正確にグラフの変化を捉えるから，記憶は以下のような情報によっていっそう定着することになる。

- 見たもの自体の記憶。
- グラフの形をたどって動いた目の動きの記憶。
- グラフをなぞった手や腕の動きの記憶 (運動記憶については，第3章の「多重知性」を参照)。
- グラフをなぞったものの動きやリズムの視覚的な記憶。

　このようにして記憶すれば，視覚の補助なしで読んだ場合に比べてはるかに優れた結果が得られる。会計士は，表や数字をペンを使って縦横になぞりながら目を動かして読むという事実も興味深い。ぎっしりとつまって並んでいる数字を視覚の補助なしで追っていくのは実にたいへんなことなので，自然にこのような方法をとるのだ。

図 12.5

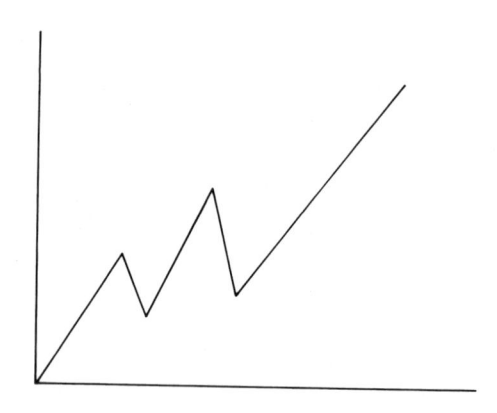

このグラフを記憶するものとする。

図 12.6

視覚の補助を用いないと，目はグラフの上を図のように動く。その結果，グラフの形の記憶はあやふやになる。

下読み

　下読みとは，あらかじめ見ておくことである。全文を速読する前に，（いずれかの方法で視覚の補助をしながら拾い読みをすることで）脳にテキスト全体を見せておく。そうすると，2度目に読む時にはずっと読みやすくなるのだ。

　本を読む前に下読みをする目的は，A地点からB地点まで運転しようという時に，あらかじめ通るルートを計画しておくのと同じである。出発前に地形を把握して，遠回りだが景観の美しいルートを走るか，距離の短いルートで行くのか決めておく必要がある。

　学習すべき内容はすべて下読みするわけだが，テキストだけでなく試験範囲の説明や関連のあるメールなど，連絡事項にも目を通すこと。これを効率よくこなすことができれば，読むペースも上がり理解も早くなり，計り知れないほどの時間の節約になる。

　効果的な下読みを行うためには，以下の点に注意してほしい。

- 本や書類を読みはじめる前に，すでに知っていることを確認して，読むことによって得たいものがなにかを決めておくこと。まず，テキストを拾い読みして，中核となる要素を見つけ出しておこう。すでに知っていることが書かれている時は，あとで見直す時のためにノートを取るのだ。

- ノートは読んだものすべてについて取ること。あとで見直しやすいように，またいま読んでいる箇所が大事かどうかを判断するために，先に得た情報が活用できるようにしておきたい。

- 下読みの段階では，段落，節，章などのはじまりと終わり，さらにはテキスト全体のはじまりと終わりに注意を集中すること。情報は，書かれたものの最初と最後にとくに集中する傾向があるからだ。

- 短い学術論文や複雑な教科書を読む場合には，必ず結果の要約と結論の部分を最初に読むこと。これらには必要な知識の核心が含まれている。多くの時間をかけずに，苦しむことなく核心を読みとることができるのだ。

- これらの部分を読んで核心をつかんでしまえば，あとはこれが本当にテキスト全体の要約になっているかどうかを確認すればよい。

- 下読みの段階では，通覧の段階と同じく，特定の部分だけに集中すればよい (図12.7 参照)。

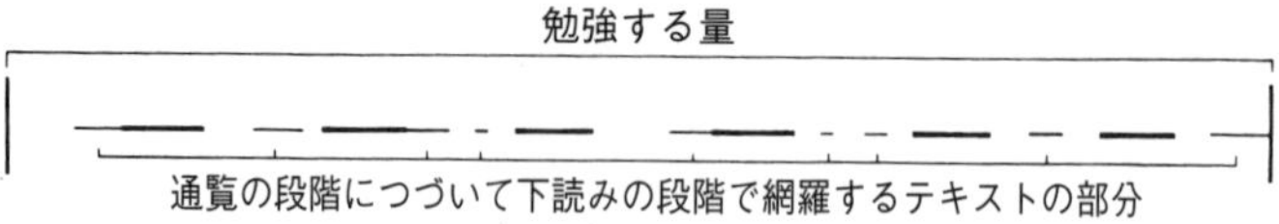

勉強する量

通覧の段階につづいて下読みの段階で網羅するテキストの部分

図12.7

通覧の段階につづいて下読みの段階で網羅する部分。ここでもマインドマップに，適切な情報や参考資料を書き加える。

成功のための戦略

　学習のためのアクションプラン，すなわち戦略を立てることはきわめて重要だ。そのよい例をあげよう。ケンブリッジで学んでいたある学生が，4か月間というもの，500ページの心理学のテキストに取り組んで悪戦苦闘していた。450ページまで進んだころから，この学生は絶望感を抱きはじめた。結論を得るために頭につめこんできた知識が，あまりにも多くなりすぎたのだ。彼は目標を直前にして，まさに知識の海におぼれかけていた。

　彼はとにかく最初からひたすらに読み進み，最後の章に近づいていた。そしてこの時，彼は，最後の章の内容の見当もつかないことに気づいた。最後の章は，このテキスト全体のまとめだったのに！

　最初にこの章を読んでいれば，読むだけで70時間，ノートを作るのに20時間，いろいろ心配するのに数百時間は優に節約できたことに，彼はこの最後の章を読んだあとで気づいた。

　通覧の段階でも下読みの段階でも，不要な部分は断固として捨て去らねばならない。多くの人が，自分には必要ないと知りながらも，本に書いてあることを全部読むのにこだわっている。むしろ本を読む時も，講師の話を聞く時のようなやり方がよい。講師がつまらないことを言ったら聞き流し，あれこれ例を並べてた時は必要なものを選べばよい。ポイントをはずしたり間違えたりしたら，批判し修正し，場合によっては不適当とみなして捨てればよいのだ。

精読

通覧し，下読みをしたあとで，それでもまだ必要な情報があったら，テキストを細かく読めばよい。

読み残した部分を読んでいくのだ。パズルの例では，縁どりと色別の領域ができたところで空いたところを「埋めていく」段階にあたる。ただし，この段階が必ずしも読むという作業の中心となるわけではない。重要な部分のほとんどを，これ以前の段階で読み終えている場合もあるのだ。

つまずきの原因を飛び越える

図 12.8 を見れば，精読の段階を終わってもまだ不完全な部分が残っていることがわかる。とくにむつかしいところを攻略するには，一方向だけから攻めるよりも，とりあえず先に進んで，からめ手で攻めるようなやり方がよいからだ。

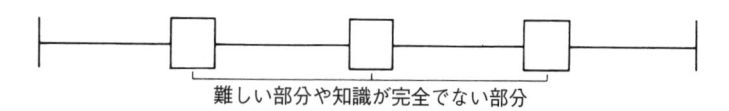

図 12.8

精読の段階が終わった時点で網羅した部分。学習を進めるにしたがって，マインドマップに適切な情報を書き加えよう。

ふたたびジグソーパズルの例に戻れば，このことがはっきりわかる。むつかしいピースにつながるものを見つけようと頭をしぼるこ

とは，緊張を強いるばかりで時間をムダにする。むりやりはめこんだり，ぴったり合うようにはさみで切ったりすることもムダだ（わかっていないのにわかったふりをすることにあたる）。むつかしい部分が，それにつづく部分を読むのに絶対に必要なことはめったにない。一方，むつかしい部分をあとに残しておくことにはさまざまな利点がある (図12.9を参照)。

- むつかしい部分をその場で無理に理解しようとせずに放置しておけば，頭脳が無意識のうちにむつかしい部分を処理していくための，ある意味でもっとも重要な時間を確保することができる。まったく答えられなかった試験問題をあとから見直してみると，答えが自然に出てきて，こんなやさしい問題だったのかなどと思うことがよくあるだろう。

- むつかしい箇所をあとになってふりかえれば，その箇所を前後から攻めることができる。ジグソーパズルのむつかしいピースの場合のように，むつかしいところを周りとの関連で考えていくようにすれば，脳は自動的に欠けた部分を埋めていこうとする習性を持っている。これを利用しない手はない。

- むつかしい箇所を放置しておけば，従来の学習法につきものの緊張と精神的苦痛から解放される。

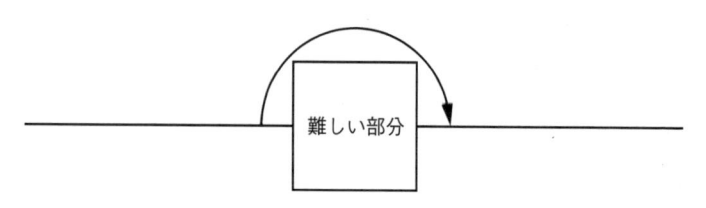

図 12.9

むずかしい箇所をとばして読めば，もっと知識を得た段階で改めてこの部分を「からめ手」で攻めることができる。むずかしい箇所がそのあとを読むのに必要なことはめったにない。

飛躍的な前進

　どんな分野でも，その歴史をふりかえってみると，論理的につながった小さな進歩の段階が規則的にいくつかつづいていることがわかる。そしてこの間に，飛躍的な前進をみせた時期がはさまっている（図12.10参照）。この大進展を成しとげた人々は，たいていは（右脳と左脳の機能を結合させて）この飛躍を直観したのだ。そしてその時代の人々に軽蔑を持ってむかえられた。ガリレオやアインシュタインがこのよい例だ。このような人物が自分の考えを段階を追って説明していけば，他の人もこの考えを少しずつ深く理解していくことができる。説明しはじめたばかりで理解する人も，結論に近づいた段階になってはじめて理解する人もいる。

　天才がいくつかの段階をまとめて飛び越えたように，また天才の結論を最初に理解した人々のように，学習の際に細かな箇所を放っておくことのできる人は，細かい点にこだわりすぎる人よりも自分の創造性と理解力を大きく拡張して用いているのだ。

図 12.10

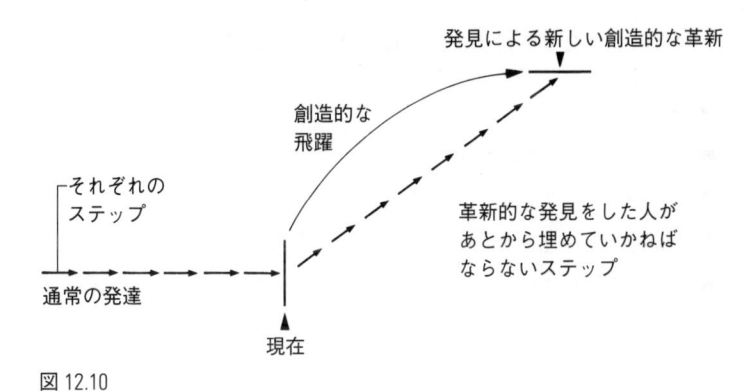

概念の発達の過程と創造的な革新。

復習

ざっと目を通し,下読みをして,さらに細かく読んだあとで,目標を達成したり,疑問に対する答えを探したり,問題を解いたりするためにまだ必要な情報があったら,復習することが必要だ。

この段階は,残っている部分をすべて埋めていき,重要な部分を改めて考察するためのものだ。多くの場合,最終的に必要な情報は,最初に重要だと思われた部分のうちのせいぜい70％程度だということがわかってくる。

ノートの取り方とまとめ方

学習する時には2通りの形式でノートを作るとよい。

- テキスト自体に書き込む
- 拡張していくマインドマップを作る (第9章を参照)

つぎのようなものはテキストに書きこんでいく。

- アンダーラインやマーカー付け
- テキストから思いついた考え
- 批判的なコメント
- 重要な，注意を要する部分の欄外に線を引く（図12.11参照）
- はっきりしない部分，むつかしい部分の欄外に曲線や波線を引く（図12.11参照）
- 質問したい部分，疑わしい部分に疑問符「？」をつける
- とくに目についた部分に感嘆符「！」をつける
- 学習の目的に関連のある項目や部分に自分独自の印をつける

テキストが高価なものでなければ，これらの印を色分けするとよい。テキストを汚したくないなら，付箋を貼ってコメントを書き込んだり，柔らかい鉛筆で印をつければよい。柔らかい鉛筆と紙をいためない消しゴムを用いれば，本はほとんどいたまない。ページをめくった時のいたみのほうがひどいくらいだろう（応用のこの段階でマインドマップをどのように活用するかは，以下のコラムと第9章で解説している）。

重要な部分，
注目に値する部分には
直線を引く

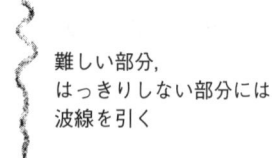

難しい部分，
はっきりしない部分には
波線を引く

図 12.11

テキストの欄外に付ける印。

マインドマップを使ったノートの取り方とまとめ方

テキストを読みながらマインドマップを作っていくと、とても使い勝手のよい学習ツールになる。ジグソーパズルでピースを1つひとつ合わせながら絵を作りあげていくことによく似ている。学習のさまざまな場面に合わせたマインドマップの作り方については、第9章を読んでいただきたい。

テキストを読み進めながらマインドマップを作っていくというやり方の利点は、捉えどころがなく宙ぶらりんになりがちな知識を、客観化し統合していくことができるということだ。また、マインドマップがあれば、すでに読んだページをめくってみるまでもなく、それまでの知識をすばやくふりかえることもできる。学習の基本的な部分をある程度こなしていくと、やがてどの部分が混乱しているのか、その課題がどのように他の課題と関係しているのかがはっきりしてくる。このように、

- 知っていることを統合する
- 他の部分との関連を確認する
- 混乱していたり矛盾していたりする点をうまく解決する

といったことができるようになる。つまり、創造性が十分に働きはじめるのだ。

そして、最後に…

 学習の最後の段階は、テキストに書きこまれたノートを完成させて、マインドマップにまとめあげていく段階だ。これが、その先の学習や復習の時の基礎となる。

 この段階が終わったら、ジグソーパズルの例のように、お祝いをしよう！ 冗談のように聞こえるかもしれないが、実は大切なことなのだ。「学習を終えたらお祝いする」という連想ができあがれば、学習に楽しみの要素を与えることになり、いやいや取り組んでいる場合と比べると長期的に得るものはずっと大きくなるのだ。

 首尾よく学習が軌道に乗ったら、学習分野の主な内容や構造をまとめた大きなマスター・マインドマップを作っておくのもよいだろう。

復習を繰り返す

 上で解説した学習の最後の復習とは別に、計画的に繰り返し復習することが大切だ。復習計画は、第5章で述べたように、記憶のしくみに照らして作ると効果的だ。記憶は学習終了後すぐに下降するのではなく、実は一度上昇し、いったん安定してから急激に下降することをみてきた (図12.12参照)。

 ちょうど記憶が下降しはじめる時に復習を行うことによって、このグラフを有利に変形させることができる。記憶と統合の働きがもっとも活発な時点で復習を行えば、グラフの高さをそこからまた1～2日間高く保つことができる。その後、ふたたび復習を行えばいいのだ。

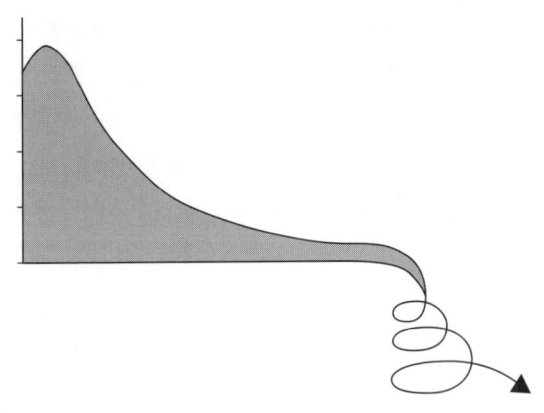

図 12.12

グラフから、記憶は学習後一度上昇し、それから急激に下降することがわかる。

ブザン有機的学習法 BOST のまとめ

ブザン有機的学習法 BOST は、段階を追って学習を進めるのではなく、この本の他の章で述べたような、相互に関連したさまざまな学習への取り組み方について、いくつかの側面から扱っていこうというものだ。したがって、ここで述べた学習の順序を変更してもまったくかまわない。

学習の量を学習時間を決める前に決めておいてもよいし、時間や量以前に学習の主題がわかっていることもあるので、知っている事柄についてのマインドマップを最初に作っておいてもかまわない。問題提起は学習のどの段階でも行いうる。通覧に適していないテキストの場合には省略してもよいし、数学や物理学の場合は何回繰り

返してもよい(ある学生は,大学院レベルの数学のテキストの4つの章を,1週間に25回,4週間にわたって繰り返し速読した。このほうが,公式を1つひとつこなしていくよりも理解しやすかったという。これは極端な例だが,むつかしいところをうまくとばして読んだため,このような効果が上がったのだ)。無理にひろい読みをしなくてもよいし,逆にさらに細かな段階に分けてもよい。精読や復習の段階にもっと時間をかけてもいいし,やらなくてもいい場合もある。

　要するに,学習の課題,学習しようとする書物に応じてもっともふさわしい方法を選んでいけばよい。テキストのむつかしさはさまざまだが,それぞれのテキストについて適切な方法,そのテキストに合った独自の方法を見つけるための基本的な理解さえあればよいのだ。

　学習とは個人的で相互作用に満ちた,たえず変化する刺激的な経

図 12.13

ブザン有機的学習法 BOST で本を読んでいる回数。

験だ。けっして,硬直した没個性的な,退屈で骨の折れる苦役ではない。ブザン有機的学習法BOSTでは,一見したところ本を何度も繰り返し読んでいるようにみえるが,実際にはそんなことはない。むしろ大部分は一回だけ読み,重要だと思われるところだけを繰り返し復習しているのだ (図12.13参照)。

一方,テキストを従来のやり方で「1回だけ通読する」と称する人は,実際には何度も繰り返し読んでいる。知識を1つひとつ順を追って取り入れていくので,1回だけしか読んでいないような気がするだけなのだ。このような人は,自分があともどりしていること,読み終わったところに繰り返し目をやっていること,むつかしい文章を何度も読んでいること,復習が適切でないために忘れやすく知識もまとまっていないこと,その結果,実際には本や章を10回は読んでいるに等しいことなどに気づいていないのだ (図12.14参照)。

ブザン有機的学習法BOSTは,本書でご紹介した速読やマイン

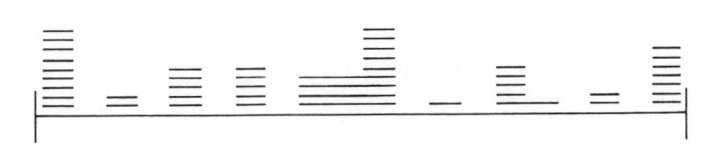

図12.14

従来の「1回通読」する方法で本を読んでいる回数。

ドマップ，記憶術，創造的思考などと組み合わさって，あなたを知識の世界へといざなってくれる。あなたの脳は，もっとらくに，もっとたくさん学習するようになり，いっそう広大な知識の世界を吸収していくだろう。そして，勉強嫌いの人を，何百冊といった単位で本やテキストやマニュアル，プレゼンテーションやセミナーを積極的にむさぼる人間に変えていく。

　つぎに，脳の世紀とも，頭脳の千年紀とも，知の時代とも呼ばれる今，頭を使いこなし，著者が開発した革新的な学習・思考テクニックを修得した者に，どれほど大きな機会が待ち受けているか見てみよう。

結論 将来に向けて考える

 21世紀（脳の世紀），そして第三千年紀（頭脳の千年紀）が幕を開けた今，人類は，未来の歴史学者たちが史上最大のルネッサンスのはじまりと評価するであろう時代に突入した。知の時代というルネッサンスだ。おそらく，人類の進化の過程に永久に刻みこまれる時代になるだろう。まだ，私たちの多くはそのことに気づいていない。

知の時代

 私がこの本をはじめて書いて以来40年間で，私たちは自分たち自身の知的能力に魅了され，世界中で研究が加速度的に進んだ。脳の研究が飛躍的に進み，世界中の人々が脳とその驚くべき潜在能力に魅了され，さまざまなメディア，とりわけ多くの雑誌に脳が取り上げられるようになった。こうして知の時代が到来した。

 1991年より前に表紙に脳を掲載した雑誌は，調べてみたかぎりでは1冊もない。最初にそれをやったのはフォーチュン誌だった（しかも，ごく最近の1991年のことだ）。表紙には「脳のパワー：アメリカにとってもっとも重要な資産となりつつある知的資本」という見出しが躍った。財を成すなら脳に投資しろ，ということだ。

 フォーチュン誌の記事が引き金となって，それまで人間のさまざまな欲望の対象を取り上げることに専念してきた何千という雑誌が，こぞって脳に関する特集を組みはじめた。

タイム誌は，恋わずらいのごとく，実に20回以上も脳を巻頭で特集している。創造力や記憶などさまざまな切り口で掲載しており，脳は適切に養成すればどんどん成長するが，正しく養成しないと崩壊するといった驚くべき新発見など，脳の持つ知性が養成次第でどのように変わるかについての新たな研究結果も発表している。

　サイエンティフィック・アメリカンの新しい雑誌『マインド』では，創造力と革新について1冊すべてを割く特集を組んだ。表紙の見出しは「私たち1人ひとりのなかの天才を目覚めさせる方法」。つまり，すべての人間は根本的に天才であって，その才能を伸ばしその恩恵を受けるのは私たち次第だと，科学界が認めたということである。エコノミスト誌は2009年に特別季刊号『インテリジェント・ライフ』と「大衆知性化の時代（The Age of Mass Intelligence）」と題する記事のなかで，このことを社会的・文化的側面から捉えて取り上げた。

復習と知的能力，年齢

　自分についての知識の渦のなかで，古い常識は崩壊しつつある。その例として，人間の知的能力は年をとるにしたがって衰えるという考え方についてみてみよう。実は，知的能力の衰えは復習の方法と深く関係している。

　IQ値，想起力，特別な関係を知覚する能力，知覚の速度，判断の速度，帰納的推理，図形的関係，連合記憶，知性の水準，頭の回転の速さ，意味づけ，形式論理的な推論，一般的な推論などは，一般に18歳から25歳の間に頂点に達し，その後衰えていくものと

結論 将来に向けて考える

思われている (図13.1参照)。この図は妥当なものではあるが、重要な点を2つほどつけ加える必要があるだろう。

- 一生の間に衰えてしまう割合は、せいぜい5〜10%にすぎない。脳の潜在能力の大きさと比べれば、この程度の衰えは取るに足らない。

- このがっかりするような結果を導き出した実験に参加した人々は、伝統的な教育を受けた人々だ。それゆえに、学習、復習、記憶の技術について適切な訓練はほとんど受けていない。

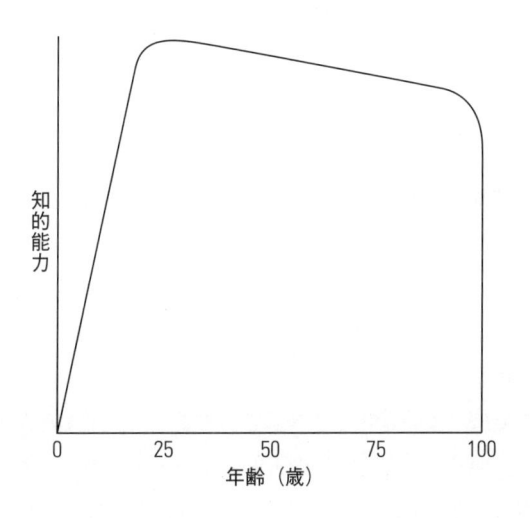

図 13.1

年齢と知的能力の標準的な関係を示すグラフ。知的能力は 18〜25 歳あたりで頂点に達し、その後ゆっくりと確実に低下していくと考えられている。

図13.1からわかるように，このような人々は，おそらく長年にわたっての知力の「調整」を怠ってきたのだ。つまり，本来の知的潜在能力は「冷凍保存」されてきたのだ。このような，ろくに使われていない頭脳が20年から40年にわたって誤って使用されたり使われないままだったりすれば，少しばかりうまく働かなくなってしまうのも当然だろう。むしろ，この程度でも機能しているほうが不思議なくらいだ。

　反対に，頭脳をいつも働かせてその能力を十分に引き出していれば，このグラフはまったく異なったものになるはずだ (図13.2参照)。年齢とともに衰えていくのではなく，年をとってもなお活動的で探求心に富んだ人々に注目してみよう。このような人々の記憶力は完璧といってよいことが多い。新しい領域の知識を理解し学習する能力も，同じように熱心だが経験を積んでいない若い人々を凌駕している。

　人間の精神活動の研究においては，年齢とともに衰えていくことは「自然」なことで，避けることはできないという誤った仮定がなされてきた。研究の対象となる人々をもっとよく調べ，能力が低減することを確認するのではなく，最大限に引き出す方法を見つけるための実験を行っていくべきだろう。

　近ごろでは，よい意味で「普通であることに反逆する人々」が増えている。いきいきとして，楽天的でユーモアがあり，肉体的にも強く，持久力があり，ほがらかで，熱意があり，関心を持ち，知識欲や探求心に富んでいて，親切で，驚くべき記憶力と直観力を持つ70代，80代，そして90代以上の人々のことだ。まさに，子ども

結論 将来に向けて考える

の優れた特徴を兼ね備えている。

　任天堂などから発売されている「脳トレゲーム」の爆発的な人気から見ても，精神的刺激に年齢制限はないということが証明されている。食生活と運動によって身体の健康と適応性を変えていかれるように，脳も最高の切れ味となるように研ぎすますことができる

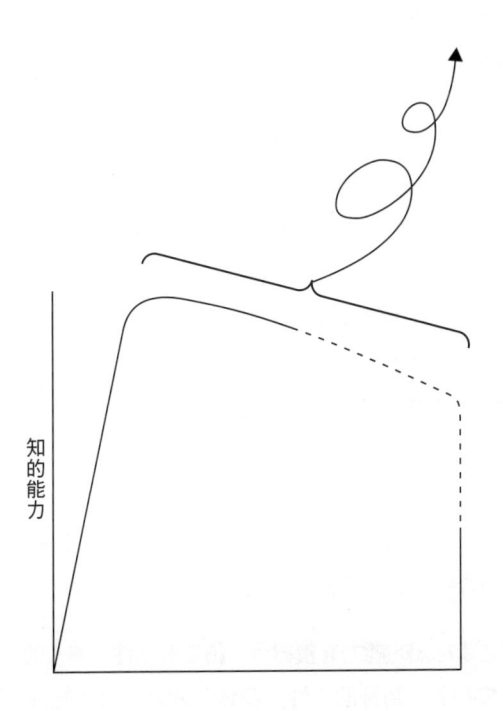

図 13.2

図 13.1 のようなグラフは，伝統的な方法で教育された人を対象とした統計に基づいている。脳が本来持っている機能を補完し成育させるような教育をすれば，人間は年齢とともにその能力を向上させるものだ。

と，今では信じられている。こうしたことで認知症やアルツハイマー病の症状を抑制したり，脅威を抱かずにすむようになるかどうかは，最新の神経科学研究にもとづく冷静な評価が待たれる。

私たちの頭脳について理解して，手入れを怠らずに本来の働きに即した使い方をすれば，エドワード・ヒューの逸話は人類の子どもたちみんなの物語となるだろう。

これから先のこと

ここまで本書を読み進めてきたあなたは，すっかり心構えが整い，たぐいまれな脳のパワーを改めて実感していることだろう。効果的な学習を妨げている一般的な障害物も完全に取り除くことができた。まわりのだれよりも速く読むことができ，記憶も新たに充電されていつでも利用できる状態だ。思考・学習・記憶のための究極のツールであるマインドマップの理論と応用について理解し，ブザン有機的学習法BOSTという最強の学習テクニックをうまく活用する方法も学んだ。

あなたの脳にはもともとすばらしい潜在能力がある。それを活かすのはあなた次第だ。そこで，最後に「頭がよくなる」ための10項目の簡単な指針を授けよう。

1 さまざまな知的能力を養おう。 創造的知性，個人的・社会的知性，倫理的・精神的知性，身体的知性，言語知性，数学的知性，空間的知性，感覚的知性などである。だれもが持っているこうしたさまざまな知性は「万国共通のサバイバルキット」で

結論 将来に向けて考える

あり，肉体と同じように強く成長できる「知性の体」である。

2 **健全な肉体＝健全な脳。**「健全なる精神は健全なる身体に宿る」という古い慣用句は真実である。身体が健やかであれば精神的にも健やかであり，その逆も然りである。有酸素的に調子がよければ，脳には最適に調合された血液がどんどんと送られつづける。

3 **マインドマップ！** 脳の「スイスアーミーナイフ」である。積極的に使うことで，脳はますます成熟し，使い勝手がよくなり，そして幸せになる。

4 **記憶力をアップしよう。** 記憶とは，ある意味では自分そのものである。記憶を全部取り上げられてしまったとしたら，と想像するだけで恐ろしい。記憶に関する本を読み，ウェブサイトを調べ，記憶力選手権に参加し，記憶術を学び，記憶力トレーニングの講習を受講するとよい。きっと人生がもっと楽しく，もっと記憶に残るものになるだろう！

5 **マインドスポーツを楽しもう。** 短期記憶を刺激して，長期記憶を鍛えよう。本書では5つのマインドスポーツ—記憶力，速読，IQ，創造力，そしてマインドマップ—を紹介した。他にも，囲碁やチェスなどのマインドスポーツゲーム，パズルやクイズなどの頭脳技能スポーツも積極的に行うといい。このようなマインドスポーツは脳のさまざまな領域を刺激して，アルツハイマー病発症の確率を減少させるという研究結果もある。脳

は，死ぬまで学びつづけるという習性がある。生涯を通して新しいテーマをいろいろ見つけて学び，脳を刺激しつづけよう。そして，学んだことはマインドマップに記録しておこう。

6 **頭脳に栄養を与える。**忘れないように「美食は美脳，貧食は貧脳」と，スローガン風に覚えたらどうだろう。食事から摂取する栄養を一番多く受け取るのは脳である。脳のためにも，できるだけ栄養価の高い食事を心がけよう。

7 **人生のビジョンを持って生きる。**大きな目標やビジョンがある人は，概してエネルギーがあり，前向きで免疫力も高く，長生きをするということがわかっている。自分の人生の目標を定めて，エネルギーと情熱をかけて実現してほしい。家族や友人の助けもおおいに借りよう。

8 **こまめに休憩をとる。**脳も身体も疲労から回復し，経験を消化するために，定期的な休憩が必要だ。外を散歩するもよし，熱い風呂に入るもよし，お気に入りの音楽を聴くもよし。休憩も計画に入れることを習慣にしよう。

9 **ときどき1人の時間を作ろう。**1人きりになる時間も必要だ。私たちにとってもっとも重要であろうコミュニケーションをとる時間ができる。自分とのコミュニケーションだ。意識して，1人で過ごす時間を持とう。

10 **心にも栄養を。**反対に，脳は友情や愛情という糧(かて)を得ることで

芽吹き，花開くという科学的研究も数多く報告されている。1人でいるのと同じくらい大切なことなのである。たくさんもらい，たくさん与えよう。

本書の終わりにあたって，これは終わりではなく，これからが本当のはじまりだということに気づいてくださっただろうか。本書を通じて，

- 私たちの脳は美しく複雑であると認識できた。

- 脳ははかりしれないほどの知的・感情的能力を持っていることが理解できた。

- 私たちは知識をとり入れ記憶する能力を持っていることに気づいた。

- ここで学んだ新しい技術を用いて，脳の本来の機能に即してものごとを表現し，整理できるようになった。

これからは，読むこと，勉強すること，学ぶこと，そして人生のすべてが喜びに満ち，充実したものになるだろう。それこそが本来あるべき姿である。これからもぜひ，「頭がよくなる」人生を楽しんでほしい。

訳者あとがき

　『頭がよくなる本（原題：Use Your Head）』の日本語第4版をお届けする。最近では日本でもマインドマップがよく知られるようになり，書店にも関連書が並び，セミナーやウェブサイトが急増している。学校の授業や企業のプレゼンテーションでも活用されるようになった。マインドマップのPCソフトも多数出ている。本書はその原典／原点である。この日本第4版は，旧版の魅力をそのままに，新たな知見と豊富な図版を駆使して，さらにわかりやすく，学ぶことの楽しさを追求するための手法を解説している。まさに原典にふさわしい魅力にあふれた内容である。

　本書の初版以来のメッセージは，だれでも自分の脳をうまく活用すれば「楽しく学ぶ」ことができるということだ。おもしろくもなんともない知識の詰め込みに慣らされてしまってとかく忘れがちだが，考えてみれば学ぶことは楽しい知的生産の作業である。疑問に答えを見出すこと，想像力を働かせて推理することが，楽しくないはずがない。楽しくなくしているのは成績という尺度の向上への過剰な動機づけだったり，成果を期待されることからくるストレスだったり，さまざまである。自分の潜在力を信じてそれなりの努力をすれば，無限の潜在力を引き出すことができる，という著者の発

訳者あとがき

想は，これまでも私たちを励ましてきたし，この日本語第 4 版にも一貫している。

今回の改訂では，とくに「創造力」と「記憶力」が実は「想像力」を通じて深く関連していることが強調されている。私たちは誰もが「クリエイティブな脳」を持っていることが大前提であり，それを活かして「創造的に考える力」を育成することができる。「記憶」も，実は想像力を活かして過去のものごとを相互に関連付けて整理することに他ならない。記憶力と創造力をともに高めるための意欲を持ち，いくつかのテクニックを身につけることで，知的で豊かな生き方ができるのだというビジョンは，著者の 40 年にわたる脳の潜在的な力の探索の集大成といえるものだろう。

本書を，学ぶことを楽しみながら豊かな創造性を育むための身近な手引きとして，多くの人が活用してくださることを願っている。

田中美樹，佐藤哲

● 訳者紹介

佐藤　哲（さとう・てつ）
1978年　慶應義塾大学文学部教育学科卒業
1985年　上智大学大学院理工学研究科博士課程修了
現　在　長野大学環境ツーリズム学部教授

田中美樹（たなか・みき）
1984年　米国 St. Paul's School 卒業
1989年　慶應義塾大学経済学部卒業
現　在　翻訳家

トニー・ブザン　頭（あたま）がよくなる本（ほん）（日本語第4版）

1982年12月3日	第1版第1刷発行	Printed in Japan
1997年9月25日	改訂新版第1刷発行	
2006年9月25日	日本語第3版第1刷発行	
2012年4月25日	日本語第4版第1刷発行	

著　者　トニー・ブザン
訳　者　佐藤　哲
　　　　田中美樹
発行所　東京図書株式会社
　　　　〒102-0072　東京都千代田区飯田橋3-11-19
　　　　電話 03(3288)9461　振替 00140-4-13803
　　　　ISBN 978-4-489-02124-4
　　　　http://www.tokyo-tosho.co.jp

Ⓡ〈日本複写権センター委託出版物〉

本書を無断で複写複製（コピー）することは、著作権法上の例外を除き、禁じられています。本書をコピーされる場合は、事前に日本複写権センター（JRRC）の許諾を受けてください。

JRRC〈http://www.jrrc.or.jp　e-mail：info@jrrc.or.jp　Tel：03-3401-2382〉